BRIDGING THE GAP

PUNTOS DE VISTA

CONVERSACIÓN

Genre-based Conversation in Spanish

Christina Makara Biron
University of Massachusetts at Dartmouth

Dale April Koike
University of Texas at Austin

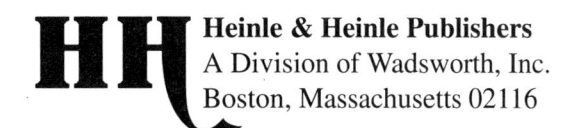

Heinle & Heinle Publishers
A Division of Wadsworth, Inc.
Boston, Massachusetts 02116

The publication of *Puntos de vista: Conversación* was directed by the members of the Heinle & Heinle College Spanish and Italian Publishing Team:

Carlos Davis, *Editorial Director*
Patrice Titterington, *Production Editor*
Cheryl Carlson, *Marketing Manager*

Also participating in the publication of this program were:

Publisher: Stanley J. Galek
Managing Developmental Editor: Beth Kramer
Developmental Editor: Nancy Siddens
Editorial Production Manager: Elizabeth Holthaus
Manufacturing Coordinator: Jerry Christopher
Project Management/Composition: HISPANEX
Text Design: DECODE, Inc.
Cover Design: Caryl Hull Design Group
Illustrators: Anne Carter, Valerie Spain
BTG Series Logo Design: Duvoisin Design Associates
Photo Research: Judy Mason

Library of Congress Cataloging-in-Publication Data

Biron, Christina Makara
    Puntos de vista : conversación : genre-based conversation in
  Spanish / Christina Makara Biron, Dale April Koike.
       p.   cm.—(Bridging the gap)
  Spanish and English.
  ISBN 0-8384-4658-2
    1. Spanish language—Conversation and phrase books—English.
  2. Spanish language—Textbooks for foreign speakers—English.
  I. Koike, Dale April. II. Title. III. Series: Bridging the gap
  (Boston, Mass.)
  PC4121.B57   1994
  468.3'421—dc20   93-43922
                                                                       CIP

Copyright © 1994 by Heinle & Heinle Publishers, Inc.
All rights reserved. No part of this publication may be reproduced or transmitted in any form or by any means, electronic or mechanical, including photocopy, recording, or any information storage and retrieval system, without permission in writing from the publisher.

Manufactured in the United States of America

ISBN 0-8384-4658-2

10 9 8 7 6 5 4 3 2 1

Heinle & Heinle Publishers is a division of Wadsworth, Inc.

Table of Contents

INTRODUCTION TO THE *BRIDGING THE GAP* SERIES *VII*

USING THE COMPLETE *PUNTOS DE VISTA* PROGRAM *XI*

PREFACE *XIV*

ACKNOWLEDGEMENTS *XXI*

CAPÍTULO 1   ¿QUIÉN SOY YO?   *1*

FUNCIÓN	Una descripción de sí mismo
ESTRATEGIAS	Como mantener el interés del oyente
TEXTO GRABADO	"Entrevista a Antonio Gades" *5*
LECTURA	"Entrevista a Carlos Fuentes" por *Saúl Sosnowski* *13*

CAPÍTULO 2   ¿QUÉ OPINA?   *23*

FUNCIÓN	La opinión personal dentro de la entrevista
ESTRATEGIAS	Solicitar y expresar opiniones
TEXTO GRABADO	"Las mujeres y la independencia" tomado de *Univisión* *28*
LECTURA	"Sería el poeta más ufano del mundo" por *María Asunción Mateo* *37*

Capítulo 3 Dígame, ¿Cómo es? *43*

Función	Descripción de un lugar
Estrategias	Adoptar un punto de vista / seleccionar detalles / mantener el interés del oyente
Texto grabado	"Habitando el Sur" tomado de *SCOLA* *50*
Lectura	"Campos de Soria" por *Antonio Machado* *58*

Capítulo 4 ¿Cómo se enseña? *63*

Función	La instrucción dentro de un programa educativo
Estrategias	Anticipar las necesidades del oyente / perifrasear / dar razones / elaborar / sugerir / resumir
Texto grabado	"Cocina Crisco" tomado de *Univisión* *66*
Lectura	"La importancia de las fibras" por *Ernesto Torres Landa* *80*

Capítulo 5 ¡A informarse! Las noticias *88*

Función	Cómo informar de los hechos
Estrategias	Presentar diferentes voces y perspectivas
Texto grabado	Reportajes tomado de *SCOLA* *90*
Lectura	"Enfrentamientos de grupos políticos callejeros en San Luis Potosí" tomado de *El Mundo* *101*

Capítulo 6   ¿Qué pasó? La narrativa   *105*

- **Función**: Narrar
- **Estrategias**: Seleccionar elementos informativos
- **Textos grabados**: Reportajes (continuación)   *108*
- **Lectura**: "Derribó varias casas y causó cinco heridos..." por *Alejandro Sicairos*   *118*

Capítulo 7   Puesta en común: Un seminario de literatura   *125*

- **Función**: Dialogar; interactuar en grupo
- **Estrategias**: Sintetizar; motivar la participación; elaborar; dar y pedir opiniones; sugerir; comentar y preguntar
- **Texto grabado**: "Un seminario de literatura"   *130*
- **Lectura**: "La mordaza" por *Alfonso Sastre*   *140*

Capítulo 8   ¡Créame! Los anuncios   *147*

- **Función**: Convencer, Persuadir
- **Estrategias**: Persuadir mediante contrastes y comparaciones
- **Textos grabados**: Anuncios   *151*
- **Lectura**: "AT&T es su conexión mundial"   *166*

Capítulo 9 ¿Qué dicen los hechos, las fuentes, y los expertos? *171*

Función	La evaluación objetiva dentro de un reportaje
Estrategias	Comparar, contrastar y sintetizar
Texto grabado	"La contaminación de la pesca" tomado de *Univisión* 174
Lectura	"La Vida" tomado del *Almanaque Mundial,* 1993 185

Capítulo 10 ¿Cuál es su punto de vista? *191*

Función	La evaluación subjetiva en una discusión política
Estrategias	Contar anécdotas, presentar un contexto
Texto grabado	"Tratado de libre comercio" tomado de *Univisión* 194
Lectura	"Una política empresarial" por *Edmondo Gerli* 207

INTRODUCTION TO THE *BRIDGING THE GAP* SERIES
JoAnn Hammadou

The main purpose of the *Bridging the Gap* series is to provide a link between basic language work, much of it required, conducted during the first two years of university foreign language study and the increasingly diversified advanced work that language students choose to pursue.

The courses at this level usually bear some sort of composition and/or conversation label, but their curricular content may vary according to the interests of the current instructor. The curricula are often pushed and pulled among focuses on language learning, literary study, or cultural studies. Many times the pushing and pulling among these forces is worse than members of the teaching profession would ever like to admit.

The *Bridging the Gap* series is a sequence of texts in French, Spanish, and German designed to create a common ground for all of the varying agendas that compete for students' attention after the intermediate stage of language learning. There are, in fact, many areas of study in which the different perspectives on language learning intersect and can be used profitably by students at this stage. There is no need to continue divisive debates over the role of these courses when there is the option of finding what elements all three perspectives (language, literature, culture) share and providing students with more integrated programs as a result.

ORGANIZING PRINCIPLE: GENRE

Students of a foreign language have or seek to have meaningful purposes for their foreign language. They want to know what they can *do* with the language skills that they have. Mastery of a given genre provides students with a concrete accomplishment in an otherwise abstract discipline.

The concept of genre is used as the point of departure for organizing one level of the series. A genre is a class of communicative events that share communicative purpose(s). Expert authors of a given genre agree on its communicative purpose, and this rationale shapes its structure, style, and choice of content. The choice of genre as organizing principle reflects the growing diversity of interests of students continuing their language studies; genre, therefore, is not used exclusively in a literary sense.

The *Bridging the Gap* genre-based level has three components:

1. A **composition** text organized by genres
2. A **reader** containing additional and/or lengthier examples of the genres
3. A **conversation** text focusing on language functions within each genre

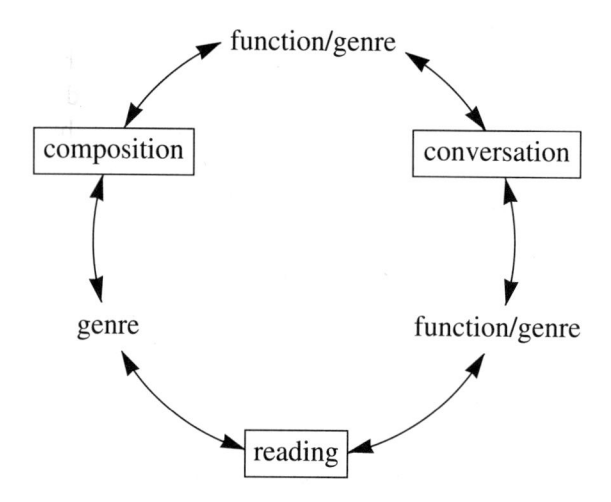

```
                    function/genre
        composition              conversation
           genre                 function/genre
                       reading
```

The texts can be used either concurrently or in sequence during a two-semester (third year) program. The series is flexible both in how the texts can be mixed and matched and in how materials can be used within each text. The sections within the texts are not presented in a lockstep sequence, and the order of chapters may be rearranged without difficulty and without loss of continuity.

The Composition Component

This text gives long overdue recognition to the use of writing to foster students' understanding of the varied communicative functions of language. No longer is the sole purpose of writing merely to practice sentence-level structures and/or to support the skill of speaking or reading. When written language is used solely to provide support for the other language skills of speaking and reading, students rightly ask why they should write at all. In the *Bridging the Gap* composition text the focus is on the true purpose of writing: expressing one's own ideas as convincingly as possible.

The pedagogical approach throughout the text emphasizes the process through which a writer creates and produces a written work. Students are guided through the writing of several drafts of each paper, starting with invention and other pre-writing activities. An understanding of the form, content, style, and purpose of a given genre are delineated for the student writer. The aim, however, is not slavish attention to a model or a "write by the numbers" approach by learners. Rather, the goal is a more sophisticated understanding of content, style, audience, and organization than is usually applied to foreign language writing.

THE READER

The reader mirrors the composition text by providing lengthier examples of each genre. For each genre in the composition text, the reader provides at least two different samples. Generally, the differences will be due to the type of source of the sample (for example, a portrait from a newspaper article and a literary portrait).

The reader's samples of each genre are linked by theme. In other words, both the newspaper portrait and the literary portrait might be about "outsiders" to the target culture. In this way, the reader serves the important function of providing the theme of a course if an instructor does not want to use the genre template in conjunction with another course. The exercises and information given to students have as their purpose to enhance (1) word recognition, (2) global comprehension, and (3) understanding of cultural referents.

The reader is linked to the composition book by genres and to the conversation text by language functions as well as genres. This linkage provides an important sense of unity when the components are used simultaneously or of continuity when they are used in sequence.

THE CONVERSATION COMPONENT

It is communicative purpose as well as genre that links the conversation and composition texts. In foreign language studies communicative purposes are defined by discourse functions. And for speaking and writing alike, discourse functions at this level reflect more sophisticated goals, including sensitivity to audience, context, and, above all, content.

A guiding principle of the conversation book is that post-intermediate students should be expressing their growing awareness of social interests and issues. Their use of language should reflect not only the development of linguistic skills, but also the development of knowledge and the ability to think critically about information and ideas. To this end, activities within each chapter of the conversation book are sequenced to provide students an opportunity to sound their knowledge and opinions and to share their ideas as they learn from their peers in nonthreatening, small-group discussions.

To support the goal of having students express critical awareness of the subjects treated, a substantial selection of culturally authentic materials has been included. These materials offer a variety of information, insights, and language, and reflect the universality of ideas.

The activities in the conversation book lay the foundation for writing by offering students an opportunity to develop and test their ideas in interactive oral discourse. The reader, in turn, offers additional sources of information and language, along with activities to promote the sort of critical reflection that is the central goal of the series.

The *Bridging the Gap* approach reaches out to a student body that is increasingly diversified by blending diverse topics and styles throughout the program. All three components of the genre-based level require students to interact cooperatively, not competitively, to establish relationships, and to be participatory decision makers.

GENRE-BASED SPANISH: *PUNTOS DE VISTA*

The books at this level each have ten chapters. Each of the ten chapters focuses on a distinctive category of communication definable as a genre. In a few chapters, the focus of one of the books differs from the other two in order to illustrate communication especially useful for that particular skill. For example, because group discussion is an important part of oral communication, it is presented in Chapter 7 of the conversation book. However, this genre is not a natural one in reading and writing, so the other texts focus on heartfelt expression, a genre that students may not feel at ease with in a conversation class.

GENRES

Chapters	Redacción	Conversación	Lectura
1	portrait	portrait	portrait
2	interview	interview	interview
3	place description	place description	place description
4	investigative reporting	instructive communication	instructive communication
5	reporting a news event	reporting a news event	reporting a news event
6	narrative: folktale	narrative: accident report	narrative: story/folktale
7	heartfelt expression	group discussion	heartfelt expression
8	advertisement	advertisement	advertisement
9	reporting on factual data	reporting on factual data	reporting on factual data
10	expressing personal ideas	expressing personal ideas	expressing personal ideas

USING THE COMPLETE *PUNTOS DE VISTA* PROGRAM

Instructors may design a two-semester or term sequence with two or more texts from the **Puntos de vista** program. Each component features ten chapters based on genre that correlate with the chapters of each of the other books. Each book develops its emphasized skill area through a highly interactive process approach.

USING ALL THREE TEXTS

A two-semester or term sequence into which instructors incorporate all three texts may be designed by devoting alternate weeks to corresponding chapters or parts of chapters of the books. For example, to cover a genre, instructors could implement a pattern such as the following:

Week 1   **Puntos de vista: Lectura**

Introduction to the genre plus one or two of the readings, depending upon length. Focus on student text as well as pair and group interaction and upon building reading skills and strategies.

Week 2   **Puntos de vista: Conversación**

The corresponding chapter in this text. Focus especially on listening and conversation activities and upon oral communication functions.

Week 3   **Puntos de vista: Redacción**

The corresponding chapter in this text. Focus on one or two of the shorter models and upon strategies for writing and editing.

Instructors will find among the chapters much complementary material that builds and reinforces the skills developed and the content presented in the individual components. Utilizing this plan, instructors should be able to deal with the ten genres over the course of two, fifteen-week semesters. Those instructors who wish to complete all the material of corresponding chapters or who teach shorter terms may select the genres they prefer to emphasize.

USING THE CONVERSATION AND COMPOSITION TEXTS

The conversation and composition texts may readily be used in combination the same semester, as they are related both in function and genre. For example, the first chapter of both books begins with a focus on description of an individual. Both give strategies on how personal description is realized in Spanish, relying on examples provided from authentic texts. Since spoken language differs in many ways from the written word, the strategies discussed in the two books are different. Nevertheless, all of the strategies represent valid ways to describe oneself and, in many cases, can be used in both oral and written contexts.

The conversation text discusses how one can use the strategies of humor and anecdotes in describing oneself to maintain listener interest. These strategies can also be used in written works that address a more informal context. The composition text examines the use of simile and metaphor, which can also be used in spoken language. In this way, both texts expand the students' repertoire of strategies of expression in a given genre.

Thus, either book can be used in conjunction with the other in a balanced manner, or as supplementary material. In a conversation course, for example, the composition text might be used as written reinforcement of study done on a given genre. These assignments could be required on a daily basis, or one class per week could be devoted to the discussion of the written work. The instructor could then exemplify the contexts in which the different strategies would be most appropriate. Likewise, the conversation book could be used to supplement the composition class by stimulating discussion beyond the scope of the written text.

USING THE CONVERSATION TEXT AND READER

The conversation text is designed to expand on the genres of the reader. In Chapter 1 of the reader, for example, the focus is on portrait. Two dramatic texts are provided, as well as a portrait of the elder Cela by his son. The conversation text expands on the portrait genre with a focus on autobiography. The expansion is accomplished in two primary ways:

- Learners are asked to focus on language functions within a given genre. For example, in an autobiography, students are given opportunities to practice anecdotes, comparison and contrast, selection of details, asking questions, summarizing, recommending, and describing.

- Learners are asked to consider sociolinguistic variables such as how context and audience affect the functions and strategies used.

The conversation text thus develops the student's interactional ability by providing him or her with strategies for generating the functions and genres examined in the reader.

The conversation text also adapts the *Diario de lector* practice of the reader, focusing on the development of a portfolio of sources that students can use to generate ideas, structures, and vocabulary for chapter conversation activities. In many cases, the texts presented in the reader can themselves be used to generate this material. For example, themes from one chapter of the reader can provide ideas for activities in other chapters of the conversation text. For example, the readings **"El padre"** and **"Cela, mi padre"** in Chapter 1 of the reader can be drawn on to discuss "los padres modernos," which can then be taken into consideration when discussing the roles of modern men and women in Chapter 2 of the conversation text.

By using the conversation text in conjunction with the reader, a greater integration of both processes is achieved than would be possible using each book in isolation.

Preface

General Description of the Text

Puntos de vista: Conversación is the genre-based conversation text for Heinle & Heinle's five-component **Bridging the Gap** Spanish series. It is designed to bridge the gap between basic language courses and upper-division studies. It is intended for use by students who have already completed an intermediate course in Spanish. *Puntos de vista: Conversación* addresses the need for a post-intermediate course in which students practice language functions such as synthesizing and narrating, before entering into upper-division courses that require skill in these functions and also demand a study of literary genres, civilization, or other specialized content.

The fundamental goal of *Puntos de vista: Conversación* is to give students practice in certain advanced intermediate and advanced language functions within particular contexts of public discourse, such as news broadcasts, group discussions, and educational settings. Students' experience with different speaking genres is enhanced through the following features of the text:

- The guiding principles of genre, language function, and negotiation strategies
- An interactive approach to conversation practice
- An all-Spanish presentation
- Many forms of authentic discourse as input

The Chapter Structure: Genre, Function, and Negotiation Strategy as the Basis

As the title suggests, each of the ten chapters presents different points of view of various genres or domains of spoken public discourse:

Chapter 1: ¿Quién soy yo? —La autobiografía, un tipo de retrato

Chapter 2: ¿Qué opinas? —La opinión personal dentro de la entrevista

Chapter 3: Dígame, ¿cómo es? —La descripción de un lugar

Chapter 4: ¿Cómo se enseña? —La introducción dentro de un programa educativo

Chapter 5: ¡A informarse! —Las noticias

Chapter 6: ¿Qué pasó?—La narrativa

Chapter 7: Puesta en común —Un seminario de literatura

Chapter 8: ¡Créame! —Los anuncios

Chapter 9: ¿Qué dicen los hechos, las fuentes y los expertos? —La evaluación objetiva dentro de un reportaje

Chapter 10: ¿Cuál es su punto de vista? —La evaluación subjetiva dentro de una discusión política

Each of these chapters offers various examples of oral discourse illustrating different perspectives and viewpoints. The selections represent a few of the various modes of discourse, ranging from the informal conversation to the public domain, with an additional reading as an example of the same genre of public discourse but in written form. All are taken from authentic sources, including interviews and television or radio programs, films, or in the case of written discourse, from magazines, newspapers, and other media.

Each of the ten chapters focuses on a distinct communication function and its respective strategies, within the context of the genres defined above.

Chapter 1: La descripción de sí mismo; la narración / mantener el interés del oyente

Chapter 2: La evaluación personal / dar y solicitar razones, preguntar

Chapter 3: La descripción de un lugar / escoger una perspectiva; mantener el interés del oyente, seleccionar detalles

Chapter 4: La instrucción / captar el interés del oyente, presentar ejemplos y detalles

Chapter 5: La narración objetiva / escoger una perspectiva

Chapter 6: La descripción; la narración subjetiva / apoyarse a sí mismo, juzgar al oyente

Chapter 7: La síntesis; la dirección de una discusión / llegar a un acuerdo de grupo; motivar participación; comentar y opinar

Chapter 8: La persuasión / dar a entender, comparar, contrastar

Chapter 9: La presentación de un punto de vista objetivo; comparar y contrastar / sintetizar

Chapter 10: La evaluación subjetiva / interpretar / criticar / defenderse

The introduction to every chapter presents the function and strategies to be explored. Examples of authentic discourse at the informal, formal or public levels illustrate the genre, function, and strategies. Students then work on activities building from these examples, to lead to the practice and presentation of their own sample of discourse.

ACTIVITIES

The activities of *Puntos de vista: Conversación* are sequenced in a logical progression from a focus on authentic oral samples of the genre to build to the use of the same functions and strategies of the genre by the student. They aim at a development through intensive practice of language skills focused upon in the text. The variety of activities promotes dialogue, especially in pair- and small-group interaction. In each chapter, students participate in activities organized into several main sections:

ANTES DE LEER LA CONVERSACIÓN

This section prepares the students for the informal dialogue they will read, a dialogue that illustrates the language function of the chapter in an informal, colloquial context. The activity taps into what students already know about the topic and type of discourse to be listened to.

LA CONVERSACIÓN

Students first look over a short vocabulary list to review items they might be unfamiliar with. Then they read the dialogue.

DESPUÉS DE LEER LA CONVERSACIÓN

In this section students begin to work at the word and sentence-completion level, focusing on the content and communication functions and strategies used in the dialogue.

ANTES DE ESCUCHAR

This section, as a well as the **Escuchar** and **Después de escuchar** sections, may be repeated in the chapter if the sample of public discourse is long or somewhat difficult. In this section the student is exposed to pre-listening activities that activate knowledge of the content and type of discourse to be heard. The section usually provides a short list of words used in the sample that students may not be familiar with.

ESCUCHAR

Students are also asked to look over some questions on the content to be heard before they actually hear the taped portion. It is recommended that the teacher provide the text to the students after they have heard it once.

Después de escuchar

Here students are asked to do communication activities related to the sample just heard. Most work is in the format of pair- or small-group work.

Desarrollar

Students do the majority of the conversation activities in pairs or small groups. Students also focus on practice of the language functions and strategies of the chapter.

Expansión

This section is devoted to a sample of the genre in written form, as well as activities that relate to this piece of discourse. Each reading is preceded by an **Antes de leer**, pre-reading activity that prepares students for the content they will read, as well as a **Leer** section designed to check comprehension. Occasionally, a **Después de leer** section with additional communicative exercises is provided.

¡A presentarse!

The students are asked to do one or two final exercises before preparing their own presentation to the class. In the final exercise **Ahora le toca a Ud.**, students do their presentation individually or as part of a small group.

Para mirar de cerca

This activity is completely optional, since some students may not have the necessary resources available to them. Students are usually asked to find samples of the discourse in Spanish from a Spanish-language radio or television station, and analyze it.

Suggestions for Using This Text

Pacing

Instructors may choose to use this text independently in one semester of a third-year or advanced intermediate college Spanish course. Depending upon the number of activities covered during class time or assigned as homework, two to four days could be devoted to each chapter. For example:

Day 1: All of the **Conversar** and most of the two **Escuchar** sections

Day 2: Most of the **Desarrollar** activities

Day 3: The remaining **Desarrollar** activities as well as the **Expansión** section (which could be assigned entirely as homework, or left out)

Day 4: The final presentation activities

FLEXIBILITY

Instructors may cover chapters in any order. The chapters are not in any order of difficulty of language skill, but rather are sequenced to correlate with the **Composition** and **Reading** texts. For this reason, the instructor may wish to re-order the chapters as follows:

Chapter 1: ¿Quién soy yo? —La autobiografía, un tipo de retrato

Chapter 3: Dígame, ¿cómo es? —Descripción de un lugar

Chapter 6: ¿Qué pasó?—La narrativa

Chapter 5: ¡A informarse! —Las noticias

Chapter 2: ¿Qué opinas? —La opinión personal dentro de la entrevista

Chapter 9: ¿Qué dicen los hechos, las fuentes y los expertos? —La evaluación objetiva dentro de un reportaje

Chapter 8: ¡Créame! —Los anuncios

Chapter 4: ¿Cómo se enseña? —La introducción dentro de un programa educativo

Chapter 7: Puesta en común —Un seminario de literatura

Chapter 10: ¿Cuál es su punto de vista? —La evaluación subjetiva dentro de una discusión política

The chapters are fairly independent in design, with their own sets of activities and genres. The instructor may also choose not to use all of the samples of authentic discourse, and instead focus on the activities.

INSTRUCTOR SUPPORT

The *Instructor's Manual* gives suggestions as to how to implement the text and activities in the classroom.

RATIONALE FOR USING *PUNTOS DE VISTA: CONVERSACIÓN*

TOWARD A BROADER VIEW OF CONVERSATION DEVELOPMENT

If instructors are to encourage students to advance in their interactional competence, they must consistently encourage them to use an ever increasing variety of content and contexts in the classroom. Shohamy (1990) has called for texts that reflect the complexity and variation of language use as well as activities that include a variety of speech interactions that comprise a variety of contextual variables such as audience, formality level, function, setting, etc. These outcome goals must be reflected in our conversation classes. Instructors must move away in post-intermediate conversation classes from an exclusive focus on personal, situational, language use to include activities that are more abstract and reflective in nature as well as illustrative of a variety of interaction patterns, e.g., political discussions, commentaries, talk shows, accident reports, autobiographies, etc.

An Integrated Approach

In real life, receptive and productive skills overlap. Politicians listen to previous debates and addresses to produce election speeches. Businessmen use case studies to help them learn effective negotiation techniques. Professors attend conferences and workshops to revitalize instruction. In real life, people use input to socially act upon their environments. Conversation classes must reflect this real-life practice and give learners integrated experiences in which listening and viewing input can be used to generate and develop their conversational ability. By providing post-intermediate students with texts that illustrate advanced interactional processes, such as those used by native speakers, students are provided with a wealth of input about functions and strategies used in increasingly abstract contexts, as well as with an awareness of the role of context in shaping the functions and conversation strategies used. This information can help students understand how to construct discourse in a more sophisticated, reflective manner.

Flexibility of Strategy and Expression

Students need to realize that a given strategy does not work equally well in all contexts. Within the description of a place, any or all of the following strategies may be used depending on the situation, the listener knowledge/interest, or speaker interest: selection of details, relating emotions, giving background, comparison and contrast, giving reasons, dramatizing, elaborating, choosing a perspective. By focusing on the *process* of conversation, students can come to realize that there are variable ways to realize a function and that communicative options will take them further than rigidly adhering to any one function strategy. Omaggio Hadley has found that anxiety is reduced in speaking situations that allow for this flexibility. She posits that students need to "…be able to have a range of options to use to express oneself. Activities that allow for a multitude of answers rather than only one right answer are probably less anxiety-producing" (Young, 1992, 165).

Assigning Greater Responsibility to the Learner at the Post-Intermediate Level

No textbook, no matter how rich in themes or content, is guaranteed to motivate the students. The most successful practice is to use materials that students themselves know and discover. Letting students choose materials related to chapter concepts gives them greater responsibility, involves them in lessons more, and encourages them to think critically, relating the course to their own needs and interests. Unlike other conversation texts, this text focuses on the development of functions and strategies and assigns the students the role of contributing additional content and themes that may be of interest or relevance to them. The text therefore encourages a more collaborative relationship between teacher and student at this post-intermediate level. In addition, the activities in this book encourage student self- and other-assessment, giving students greater responsibility in decision-making and reflection of students' personal values, emotions, and moral dimensions.

Focus on Paragraph-Length Discourse

Throughout the text, students are encouraged to give background, reasons, examples, details, or facts that support a particular point of view. Students are also encouraged to challenge others' statements and to support their challenge. For some activities, role play cards are provided; the majority of activities require the students to converse about concrete and abstract topics, using the vocabulary, functions, and strategies of a given chapter. For the more involved, difficult activities, students are given organizational guidelines either within the text or via the Teacher Notes.

ACKNOWLEDGEMENTS

The authors are indebted to the many instructors and students who have contributed to this book. The instructors who reviewed the chapters critiqued the material from many aspects, resulting in modifications that will benefit all users of *Puntos de vista: Conversación*. Specifically, we would like to thank the following reviewers: Alan Bell, *University of Maryland–Baltimore County;* Jennifer Rae Krato, *University of Alabama;* Esther Levine, *College of the Holy Cross;* Keith Mason, *University of Virginia;* Connie Montross, *Clark University;* Krystyna Musik, *University of Delaware;* Sandra Rosenstiel, *University of Dallas;* Steve Sadow, *Northeastern University;* Leslie Schrier, *University of Iowa;* Elvira Swender, *Syracuse University;* Joe Wieczorek, *Loyola College–Maryland.*

We would like to thank the following students and instructors who contributed materials to the **Conversar** portions of the text: Sara Geoffrion, *Tufts University;* Eduardo Gil Mora, *Professor of Ecology, Cuzco, Perú;* Monica Gioni, *University of Massachusetts at Dartmouth;* Natalia Gioni, *University of Massachusetts at Dartmouth;* Lois Grossman, *Tufts University;* July Nasri, *University of Massachusetts at Dartmouth.*

We would like to express our gratitude to our developmental editor, Nancy Siddens, for her organizational efforts and helpful suggestions, as well as to our production manager, Patrice Titterington, for her work in the production phase. We would also like to acknowledge Carlos Davis for initiating our involvement in this worthwhile project.

We must also thank Ruth Hassell de Hernández of the *Universidad Autónoma de Nuevo León* in Monterrey, Mexico, for calling our attention to the unique advertisement discussed on page 160 of Chapter 8. Finally, we want to thank our husbands, Eric Daub and Ron Biron, for their constant support and encouragement, and little Tatiana, who was born during the writing of this text, for her inspiration.

Christina M. Biron
Dale A. Koike

CAPÍTULO 1

¿QUIÉN SOY YO?: LA AUTOBIOGRAFÍA, UN TIPO DE RETRATO

UNA DESCRIPCIÓN DE SÍ MISMO

Todos nos hemos visto alguna vez en la situación de tener que hablar sobre nosotros mismos: cómo somos, dónde nacimos, cómo es nuestra familia, por qué escogimos cierta carrera. El propósito de este capítulo es examinar las estrategias empleadas frecuentemente por los hispanohablantes para describirse a sí mismos y crear una autobiografía interesante.

En una autobiografía, el propósito del hablante es describir su vida, incluyendo los eventos y detalles más importantes, en orden cronológico. Por otro lado, intenta que su descripción sea interesante para que el oyente esté atento a la historia. Si una persona habla de sí misma sin tener en cuenta qué es lo que más le interesaría saber al oyente, su descripción puede resultar muy aburrida y monótona. Por eso, otro propósito de este capítulo es estudiar las técnicas que emplean los hispanohablantes para mantener el interés del oyente, como por ejemplo el uso del humor o de las anécdotas.

Todos tenemos una visión particular de nuestra personalidad.

En resumen, en este capítulo vamos a examinar la función de describirse a sí mismo en el contexto de una autobiografía, usando diversas estrategias de conversación para mantener el interés del oyente.

¿Cómo habla la gente?

Antes de leer la conversación

Todos conocemos las razones por las que numerosos inmigrantes vienen a los Estados Unidos. Muchos de ellos cuentan que los problemas económicos y el hambre que tuvieron que pasar en su país de origen los han afectado mucho.

1. Los inmigrantes. Con la clase, piense en varios grupos étnicos o culturales que han inmigrado recientemente a este país. ¿Cuáles han sido los motivos por los que vinieron aquí? ¿Le ha contado esas experiencias alguien a quien conoce personalmente?

La conversación

Lea la siguiente conversación entre Marta, una joven salvadoreña recién llegada a este país, y su amiga Dora. Marta habla de algunas memorias de su niñez que la marcaron mucho.

DORA: ¿Recuerdas alguna experiencia que te haya impresionado mucho en cuanto a tu relación con tus padres?

MARTA: ¿De la vida, de lo que me haya sucedido a mí? ¿Con respecto a mis padres? Pues, como te digo, son muchas. Y me hicieron muy fuerte. Cuando uno está pequeño y pues, que en ese tiempo que te digo que mi padre era así un borracho y todo, mi padre era un desalmado[1], un borracho, un equivocado. Por muchas las razones equivocadas nos dejó aguantar hambre.

DORA: ¡Vaya!

MARTA: Me acuerdo que con mi madre en veces[2] nos íbamos al río a lavar ropa ajena[3]...en la mañana nos íbamos con un traguito de café. Cuando veníamos, veníamos a las tres, a las cuatro de la tarde, cansadas de lavar ropa. Eran más de dos kilómetros que caminábamos para ir a ese río. Está lejos. Entonces nos agarraban a veces en la tarde, ya lavando. Ya veníamos tarde acá. Mi mamá y mi papá siempre trabajaban buenos, buenos cultivos. Pero él nunca

---

1. cruel   2. un dialectalismo, igual a *a veces*   3. de personas fuera de la familia

dejó nada para nosotros. Nunca, nunca, nunca. El siempre […] procuraba darles a otras mujeres, porque era mujeriego[4]. Y por lado de eso de mi madre...he sufrido bastante, al lado de mi mamá y mi papá. Terrible hambre.

DORA: ¡Pobrecita!

MARTA: En veces mi mamá sólo compraba la comida para nosotros, y en veces para ella nada. Y en veces, cuando llegaba, llevaba siquiera un saco de maíz, pues nos aliviamanos con ése, porque lo cuidábamos para que nos quedara. Nos quedamos en lo mismo, que no alcanzamos ni una libra de sal. Mira, hubo un tiempo que mi mamá no tenía nada, nada, nada. En veces sólo tortillas conseguíamos, y una vez que mi mamá estaba embarazada, sólo tortillas nos acompañaban. Las fui a comprar yo, a cambiarlas por leña[5], ya recuerdo. Y, y mi mamá no tenía nada. Entonces cerca de nosotros la vecina tenía un palo[6] de limón. Yo le fui a robar unos limones a la señora [se ríe de vergüenza]. Y le eché sal al agua, le eché limón, y con eso comimos una vez. Tortillas, limón, y sal.

DESPUÉS DE LEER LA CONVERSACIÓN

2. SU DESCRIPCIÓN. Conteste las siguientes preguntas junto con un(a) colega y luego compare sus respuestas con las del resto de la clase.

a. ¿Qué adjetivos puede usar para describir la niñez de esta mujer?

b. ¿Qué tipo de persona es? ¿Qué retrato de sí misma ha pintado?

c. ¿Qué imagen tiene ella de su padre? ¿Y de su madre?

ch. Según el contexto de la conversación, ¿qué cree que significan estas palabras?

equivocado:

mujeriego:

un traguito (de café):

---

4. que anda con muchas mujeres   5. madera para el fuego   6. árbol

d. ¿Cuáles pueden ser los sinónimos de las siguientes palabras, según el contexto de la conversación?

acompañar:

alivianar:

alcanzar:

3. LA ANÉCDOTA. Termine estas frases junto con un(a) compañero(a), según lo que ha comprendido de la descripción de Marta:

a. Una pequeña historia que ilustra lo que queremos decir se llama…

b. Marta usó la historia del robo de los limones para…

c. Algunas expresiones que usa Marta para conectar sus anécdotas con el resto de la autobiografía son: "Me acuerdo…"

En su conversación Marta usa la estrategia de contar anécdotas para mantener el interés del oyente y para ilustrar la historia. Para contar una anécdota con éxito, la pequeña historia tiene que tratar sobre un tema interesante para el oyente y debe ser contada con una cierta emoción (humor, tristeza, horror, etc.). Es necesario contarla con sencillez y claridad. Frecuentemente se conecta la anécdota con el resto de la autobiografía mediante expresiones tales como:

por ejemplo	recuerdo
te voy a dar un ejemplo	me acuerdo que
una vez	para que veas

A continuación va a escuchar una cinta que contiene una autobiografía de Antonio Gades, un actor y bailarín de flamenco español conocido en el mundo entero. Ha actuado en las películas *Carmen, El amor brujo,* y *Bodas de sangre.* Al construir su autobiografía Gades utiliza una serie de estrategias, entre ellas el humor, citas, experiencias comunes, y expresiones y referencias familiares al público español.

Entrevista a Antonio Gades

PRIMERA PARTE

ANTES DE ESCUCHAR

4. OBSERVACIONES. Con la clase, piense en lo siguiente: ¿Cuáles podrían ser algunas de las preguntas típicas que haría un entrevistador a una persona famosa como por ejemplo un actor o un cantante muy conocido? ¿Qué tipo de detalles incluiría esa persona al describir su vida? Compare sus respuestas con las del resto de la clase.

5. SUPOSICIONES. Antes de escuchar la cinta elabore una lista junto con un(a) colega, con la información que probablemente va a incluir Gades en su respuesta a la pregunta "¿Cómo llegó a bailar?" Guíese por el ejemplo.

a. personas que más lo influyeron

b. _____

c. _____

En una autobiografía el hablante describe su vida, su personalidad, sus deseos. Si habla de una experiencia del pasado, la presenta en forma de narración, normalmente en tiempo pasado. Al hablante le interesa formular su descripción de una manera interesante para el oyente y también hablar sobre aspectos de su vida interesantes para el público. Debe pensar en lo que al oyente le gustaría saber. Esto implica que el hablante conoce al oyente o piensa en el público en general. En el caso de una persona famosa, normalmente lo que le interesa al público son cosas relacionadas con su fama o con su vida privada que revelen aspectos de su carácter. Probablemente va a hablar de algo por lo cual es famoso: su arte, su baile, su música, su talento atlético. Eso es algo con lo que el oyente está familiarizado: un punto en común.

PALABRAS QUE VA A ESCUCHAR

huecograbado   una manera de imprimir periódicos, que ya no se usa

picú   un tipo de tocadiscos antiguo

botones   un chico que trabaja en los hoteles y ayuda a llevar maletas

talleres   lugares donde se imprimen los periódicos

guantada   golpetazo

tambor   instrumento musical que se toca con dos palillos

6. **EL ÉXITO DEL HABLANTE.** Previamente a escuchar la cinta, lea las siguientes preguntas sobre el estilo y el contenido de la autobiografía.

a. ¿Cuáles fueron tres de los oficios que ejerció Gades de niño?

b. ¿Cuál fue su experiencia con el boxeo?

c. ¿Cómo empezó a bailar?

ch. ¿Cuál fue su primer empleo como bailarín?

ESCUCHAR

Escuche ahora la entrevista con el famoso bailarín de flamenco Antonio Gades, y al mismo tiempo tome nota sobre las cuestiones anteriores.

Después de escuchar la primera parte de la grabación, conteste las preguntas de la actividad 6 con otro(a) colega y comprueben cuánto han captado.

LO FAMILIAR

Un elemento lingüístico que habrá notado en la autobiografía de Gades es que hace referencia a cosas que seguramente todo el público español conoce. Por ejemplo, menciona "el periódico *ABC*", que es un elemento cultural que comparten él y los oyentes españoles. De ese modo es más fácil que el oyente se sienta identificado con la historia.

Asimismo, si no conoce estas cosas o nombres, le va a ser más difícil entender lo que dice.

Tenga en cuenta que estos elementos familiares pueden estar en la forma de:

a. información conocida sobre el personaje

b. información conocida por el público en general

c. experiencias que posiblemente la mayoría de los oyentes también han tenido

ch. expresiones coloquiales conocidas por el público.

7. OTRA AUDIENCIA. Con otro colega, imagínese que usted es Gades y la otra persona es un entrevistador que representa a una revista americana, por ejemplo, la revista *People*. Representen la entrevista. ¿Qué detalles van a agregar u omitir? Luego representen otra entrevista en la que una persona es Gades y la otra es Baryshnikov. Las dos entrevistas deberán ser bastante diferentes.

8. MANTENER EL INTERÉS. Con la clase, dirigida por el(la) profesor(a), comente lo que dice Gades. ¿Opinan Uds. que Gades ha conseguido mantener su interés? Si no lo conocían antes, ¿qué puntos interesantes de su carácter les ha revelado? ¿Les gustaría conocerlo a fondo?

DESPUÉS DE ESCUCHAR

Otro elemento notable de la autobiografía de Gades es la descripción detallada de las personas y de las cosas. Gades enriquece su narración ilustrándola con detalles sobre su empleo en el cabaret, sobre la casa donde pasó su infancia y sobre su propia falta de cultura y refinamiento.

9. LOS DETALLES. Con un(a) colega, represente una entrevista en la que el entrevistado hable de una persona o de un momento importante en su vida. Debe tratar de aportar tantos detalles como sea posible. Después, el(la) entrevistador(a) debe resumir para la clase entera lo que haya contado el entrevistado.

Entrevista a Antonio Gades (continuación)

SEGUNDA PARTE

ANTES DE ESCUCHAR

10. UNA COMPARACIÓN. Muchas veces el entrevistado se compara con una persona conocida para describirse a sí mismo. En parejas, seleccionen a dos personas que ambos conozcan y compárense con ellas. Luego expliquen por qué escogieron a esa persona; si es, por ejemplo, porque la admiran y les gustaría ser como ella o, al contrario, porque sienten que son muy diferentes. Cuando terminen, comenten lo siguiente: si fueran bailarines, ¿a quién les gustaría parecerse y por qué?

11. **LAS COMPARACIONES.** Lea las preguntas que siguen antes de escuchar la segunda parte de la entrevista. ¿En qué aspectos se compara con Vicente Escudero, un bailarín de flamenco de hace 50 años que ha llegado a ser casi un mito español?

                                               Sí   **No**

a. ¿en el plano físico?

b. ¿en el plano espiritual?

c. ¿en el plano artístico?

ESCUCHAR

Escuche ahora la segunda parte de la entrevista con Gades que continúa hablando sobre su vida, y conteste las preguntas de la Actividad 11.

    Compare sus respuestas con las de otros colegas, y explique por qué ha contestado **sí** o **no.**

12. **LA RELACIÓN DE LOS DETALLES CON EL PROPÓSITO ORIGINAL.** Gades cuenta tantos detalles sobre Escudero que es un poco difícil recordar qué tiene que ver todo esto con el propósito de contestar la pregunta original de cómo llegó a bailar. Con un(a) colega piensen en lo siguiente:

a. ¿Qué añade todo esto a su autobiografía?

b. ¿Cuál es la actitud de Gades hacia este hombre? ¿Qué relación tiene él con Escudero?

c. ¿Qué revela la última parte de la entrevista sobre la casa de Escudero en cuanto a Escudero mismo?

Hay otras maneras de mantener el interés del oyente. El hablante puede usar el humor, las anécdotas o las citas de otras personas para hacer la narración más vívida y emocionante, y los acontecimientos más dramáticos. Por último, también ayuda a mantener el interés el hecho de que el hablante lo haga con claridad, presentando la información de una manera organizada y coherente para que no le sea demasiado difícil al oyente comprender el mensaje.

13. **OTRAS ESTRATEGIAS.** Escuche otra vez la cinta entera y anote los siguientes elementos de la autobiografía de Gades:

a. humor

b. anécdotas

c. citas de otros personajes

ch. emoción

d. acontecimientos dramáticos

Comente estos elementos con la clase, comparando sus respuestas.

DESPUÉS DE ESCUCHAR

14. **LA CRÍTICA.** Con un(a) colega, conteste las siguientes preguntas y luego coméntenlas con la clase:

a. ¿Cree que Gades ha logrado su propósito de contestar la pregunta de cómo llegó a bailar y de describir su vida?

b. ¿Es su lenguaje coloquial o formal? ¿Cuáles son los elementos de su lenguaje que lo hacen coloquial o formal?

c. ¿Cree que Gades se sentía a gusto con la persona que lo entrevistaba? ¿Cree que él dirigía su respuesta especialmente hacia esa persona o hacia los oyentes en general?

ch. ¿Qué le ha parecido más interesante de su vida? ¿Cómo describiría a Gades como persona?

d. ¿Qué semejanzas y qué diferencias hay entre la autobiografía de Gades y la de Marta?

15. **AL LADO DEL ENTREVISTADOR.** Suponga que usted es otro(a) entrevistador(a) que está presente durante la entrevista y al que ahora le toca hacerle más preguntas a Gades sobre algún punto de su vida. Con otra persona, piense en cuatro preguntas que quisieran hacerle. Preséntelas a la clase y luego coméntelas.

16. LOS TEMAS. Con otro(a) colega, comente dos de los diversos temas que toca Gades en su autobiografía, como por ejemplo sus primeros empleos, su clase social, y su relación con un personaje famoso en su profesión. Ahora piense usted en los aspectos de su propia vida que le gustaría compartir. ¿Qué tipo de preguntas tendrían que hacerle a usted para poder hablarles sobre esas experiencias? Elabore una lista de preguntas que le gustaría que le hicieran en una entrevista. Piense en adjetivos, anécdotas, sentimientos, comparaciones o detalles que puedan revelar aspectos interesantes de su carácter o de su persona.

Desarrollar

17. SOY YO. Piense en cinco adjetivos que lo(la) describan a usted en un momento o situación particular de su vida. Ejemplos: simpático(a), estudioso(a), libre, triste, cariñoso(a), inteligente, responsable, perezoso(a), infantil, serio(a), avaro(a), mujeriego, delicado(a), pesado(a), generoso(a), frenético(a). Seleccione uno de esos adjetivos y piense en una experiencia o acontecimiento que ilustre por qué ese adjetivo es adecuado para usted. Intercambie su experiencia con otros compañeros en un grupo pequeño, tratando de relacionarla con ese adjetivo.

Puede comenzar así:

"Yo soy muy... Por ejemplo, para que veas, una vez... "

18. ¿QUÉ LE GUSTARÍA SABER DE MÍ? Pregúntele a otra persona qué tipo de cosas le interesaría saber sobre usted y tome notas. Luego, con la información que le dio su compañero(a) prepare las preguntas y trate de contestarlas de una manera interesante.

19. ENTREVISTA. En grupos pequeños, entrevístense unos a otros tratando de obtener detalles interesantes. Incluyan algunas preguntas que se presten para dar detalles; también pueden intercambiar las preguntas que Uds. prepararon sobre sí mismos en la Actividad 18 pero no lean las respuestas sino que traten de ser espontáneos. Hagan una votación para ver qué entrevista es la más interesante. Comenten las estrategias que haya usado cada hablante al describirse.

De arriba a abajo y de izquierda a derecha: Julio Iglesias y Gloria Estefan, cantantes. Diego Armando Maradona, futbolista.

20. ¿QUIÉN SOY YO? Cada persona de la clase escoge un personaje famoso del presente o del pasado: una figura política, un deportista, un artista, etc. Después, sin decir de quién se trata, debe tomar el papel de ese personaje, describiéndose a sí mismo en clase. Intenten imitar los gestos del personaje si es posible: expresiones de la cara, la sonrisa, el cuerpo, las manos; que también forman parte del lenguaje. Los compañeros le harán cinco o seis preguntas para saber más detalles sobre su vida o carácter para poder adivinar su nombre.

Comenten después cuáles fueron los aspectos de la autobiografía que más los impresionaron; por ejemplo:

a. ¿Habló de cosas que le parecían interesantes? ¿Cuáles?

b. ¿Dijo algo que revelara su carácter o su vida privada?

c. ¿Contestó bien las preguntas de los entrevistadores?

ch. ¿Sostuvo el interés de los oyentes durante toda la entrevista? ¿Qué estrategias empleó para mantenerlo?

21. SU CANDIDATURA. Digamos que usted pretende ser elegido(a) miembro del comité estudiantil de su facultad. En una entrevista, un reportero del periódico de la universidad le pide que se describa a sí mismo(a) como persona y como candidato(a). Deberá contarle ciertos detalles importantes, sobre todo los relacionados con su candidatura. También intente atraer el interés de los demás alumnos. Represente esta entrevista junto con otro(a) colega de su clase que desempeñe el papel del periodista.

EXPANSIÓN

En la entrevista que sigue va a conocer a Carlos Fuentes, distinguido escritor y diplomático mexicano. Entre sus numerosas obras se destacan *El laberinto de la soledad, Aura, La región más transparente, La muerte de Artemio Cruz, Terra nostra,* y *La cabeza de la hidra.* La entrevista, con el profesor Saúl Sosnowski, fue publicada en la revista literaria *Hispamérica.* En esta entrevista, el propósito de Fuentes es hablar sobre los aspectos, detalles y eventos de su vida que más influyeron en su formación y su producción literaria.

ANTES DE LEER

22. UNA ENTREVISTA CON UN ESCRITOR. Piense en una entrevista con un escritor o filósofo famoso en la que cuente su vida y experiencias. Respondan a las siguientes preguntas. Si este personaje es muy conocido en el mundo entero, ¿qué clase de preguntas se le hace normalmente? ¿Piensan que los temas que comenta serán diferentes de los de un cantante o artista popular? ¿En qué sentido?

Lectura

Saúl Sosnowski
Entrevista a Carlos Fuentes

¿Empezamos con una cronología básica? "Highlights"

Bueno. El primer "Highlight" es que nací; ¿verdad? Nací en México, bajo el signo de Escorpión, signo que me agradó mucho, el once de noviembre de 1928. Descubrí muchos años más tarde que compartía la fecha, aunque no el año, con Kurt Vonnegut. Celebramos juntos nuestros cumpleaños, y que coincidimos en la misma fecha, definitivamente no el año, con Dostoyevsky, el once de noviembre. Nietzsche nació dos días después, el trece de noviembre. Celebramos la fecha del armisticio de la guerra de 1914–18. Yo nací diez años después. Siempre celebro el armisticio también. Yo viví toda mi infancia viajando en la diplomacia. De muy pequeño estuve en Quito, en Panamá, en Montevideo, y en Río de Janeiro, donde conocí mucho a Alfonso Reyes. El era embajador de México; mi padre era secretario de la embajada. Yo recuerdo que mi padre llegó y se encontró a Reyes, característicamente sometido a la penuria[1] de las embajadas mexicanas sentado a la máquina, escribiendo las cartas, rotulando los sobres, pegando estampillas, llevando las cosas al correo — y le dijo, "Ud. no se ocupa de esto. Déjeme esto a mí; Ud, métase en su cuarto a escribir."

¿Lo hizo?

Lo hizo. Se dedicó a escribir algunos de sus mejores poemas de aquella época, hizo su revista literaria *Monterrey*. Amaba mucho a mi padre y en consecuencia a mí. Y por ahí pasaban gentes muy extrañas porque eran amigas de Alfonso Reyes, como Paul Morand, que estaba en el apogeo[2] de su gloria europea, el autor de *La europa galante*, a quien vine a conocer muchos años después en París y nadábamos juntos en el Automóvil Club de Francia. Yo lo he empleado mucho a Morand como modelo del protagonista de mi última novela, *Una familia lejana*, un personaje francés que está modelado en Morand, y en mis conversaciones con Morand en la piscina del Automóvil Club de Francia, que es donde pasa también

> **Tenía una furia del viaje, al grado de que en su testamento había puesto que al morir deberían desollarlo y convertir su piel en maleta para seguir viajando.**

---

1. pobreza   2. cumbre

en gran medida la narración de *Una familia lejana*. Paul Morand decía con mucha gracia que le encantaba viajar. Y a veces tomaba un avión un domingo en la mañana para irse al Prado[3] a ver *Las Meninas*[4] y regresaba en la noche a París. Tenía una furia del viaje, al grado de que en su testamento había puesto que al morir deberían desollarlo[5] y convertir su piel en maleta para seguir viajando. No sé si es verdad, pero me gustó mucho la idea...

> **Para mí Buenos Aires es una ciudad de noches calientes, la Boca, Maldonado, siguiendo a la orquesta de Aníbal Troilo, Pichuco, para arriba, para abajo...**

¿TAMBIÉN INCORPORASTE ESTO EN LA NOVELA?

Sí, está incorporado en la novela, está mucho de Morand en la novela. Vicente Lombardo Toledano pasó por ahí y Henríquez Ureña, que era íntimo amigo de Reyes... Bueno, una cantidad de gente. Yo tengo fotos con todos de cuando era yo bebé. Y luego fuimos a Washington, que es un episodio de mi vida que he narrado mucho. Aquí estuve en la escuela, en Washington, mucho tiempo. Me volví bilingüe. Tuve una infancia desastrosa, Saúl, porque mi padre tenía una tal decisión de que yo no olvidase el español, que no olvidase que yo era mexicano, que todos los veranos en cuanto terminaban las clases aquí me mandaba a México al colegio. Pasé todos los meses de verano en México y luego regresaba en el otoño al colegio en los Estados Unidos, al final era un niño sin vacaciones. Claro que ya luego me convertí en un niño literario. Y disciplinado. Sí, me volví disciplinado... Creo que se lo debo a los Estados Unidos, a mi crianza aquí, porque finalmente viví entre los cuatro y los once años en Estados Unidos. Y creo que soy el único, el único mexicano WASP, en cierto modo, el único mexicano que tiene el "Protestant Work Ethic". Me enfermo si no trabajo todos los días, si no estoy a las ocho en mi máquina; me empiezan a entrar ataques de culpas calvinistas; creo que estoy predestinado al infierno. No sé vivir el *dolce far niente* de los latinos. ¡Hélas! Luego viví en Chile mucho tiempo, que es para mí un hecho muy importante porque fue mi reincorporación al mundo de la lengua castellana y al de la política.

¿EN QUÉ AÑO OCURRIÓ ESO?

Estamos hablando del año 41 con Aguirre Cerda en la presidencia en Chile, el Frente Popular, la muerte de Aguirre Cerda, el interinato de Jerónimo Méndez, la gran elección, la lucha tremenda electoral que hubo,

---

3. Museo de pintura en Madrid   4. cuadro de Velázquez   5. quitar la piel

que llevó a la presidencia a Juan Antonio Ríos contra Ibáñez, los años de la guerra. Mi padre tenía un papel muy concreto; él era encargado de negocios de México porque había una gran distancia de los gobiernos ya plenamente asimilados a la causa aliada[6], como era el de México, y los gobiernos de Chile y Argentina que no querían sumarse al esfuerzo contra el Eje[7], ¿recuerdas? Entonces la misión de mi padre era empujar a Chile hacia una ruptura de relaciones. Con la misma función fue a la Argentina más tarde durante la presidencia de Farrell... y ya Perón como Ministro de Trabajo, y un nefando[8] personaje llamado Hugo Wast como Ministro de Educación; lo cual decidió en gran medida mi vida. Aquí llegamos a *La familia lejana* otra vez porque yo me enamoré de Buenos Aires, verdad, por muchos motivos, y algunos de ellos muy privados que yo te he contado... Es una ciudad que yo amo profundamente y lo único que no he tolerado es la educación que se impartía en las escuelas, determinada por este Martínez Zuviría, horrendo personaje... Entonces ya la educación tenía un tinte fascistoide tremendo. Si se trataba de la historia de la antigüedad había que darle siempre la razón a los espartanos ¿sabes? contra los atenienses, por ejemplo. ¡Qué horror! Todo era así, todo era una interpretación a favor de la fuerza en contra de la libertad, ¡terrible! Entonces yo le dije a mi papá: "Yo no puedo ir a la escuela aquí." Y bueno, me dijo " ahora no puedes entrar a México, estamos aquí, son las vacaciones..." Entonces yo me dediqué a recorrer Buenos Aires, a recorrerlo a pie, para arriba y para abajo. Para mí Buenos Aires es una ciudad de noches calientes, la Boca, Maldonado, siguiendo a la orquesta de Aníbal Troilo, Pichuco, para arriba, para abajo; tenía gran pasión por él y por el tango, por Canaro, y un director de orquesta de tangos que usaba *pince nez*. ¿Cómo se llamaba? Un flaco-flaco con *pince nez*. Chistosísimo; parecía personaje de novela de Agatha Christie dirigiendo una orquesta de tango. ¿Cómo se llamaba? Con **S** empezaba. Vi todo el cine argentino en la calle Lavalle. Iba todas las tardes al cine Hindú, al Suipacha, al Sarmiento, todos los cines de ahí. Yo sé el cine argentino completo. Soy una enciclopedia del cine argentino. Pero, hélas, tuve que dejar Buenos Aires porque no me gustaba ir a la escuela. Lo dejé con gran tristeza porque me gustaba la ciudad, porque ahí fue mi iniciación sexual y luego yo me dije, "ahora en México, ¿qué voy a hacer? aquí yo tenía una amante preciosa,

> **Entonces yo les decía: "Están locos ustedes, ¿se dan cuenta que si ganan los nazis, los convierten en jabón a todos Uds.? ¿no se han visto en el espejo? ¿creen que son arios?"**

---

6. Fuerzas Aliadas   7. fuerzas fascistas en la Segunda Guerra Mundial   8. abominable

divina. En México, ¿qué voy a tener? no voy a tener nada." En efecto, en México era imposible en esa época para un chico de 16 años tener una amante, ¿verdad?, tenías que ir a los burdeles[9] a la fuerza, el burdel o la puñeta[10] eran las soluciones. ¡Espantoso! Me sentí humillado...Regresé a México y fue muy traumático para mí, porque fue la primera vez que regresaba a mi país a vivir en él y yo era muy raro, muy extraño a los ojos de los demás porque traía acento argentino, chileno, porque me vestía con bombachas, porque leía el *Billiken*, el *Patoruzú*, en fin...Me zamparon[11] en una escuela de aztecas pro-nazis; todos eran pro-nazis por ser anti-gringos. Entonces yo les decía: "Están locos ustedes, ¿se dan cuenta que si ganan los nazis, los convierten en jabón a todos Uds.? ¿no se han visto en el espejo? ¿creen que son arios?" No me entendían, me hacían pasar malos ratos y la escuela era una escuela católica; y yo nunca había ido a una escuela católica en mi vida porque mi padre era muy liberal. Mi madre aprovechó que esta vez mi padre se quedó en Buenos Aires, tratando de procurar siempre la ruptura de relaciones con el Eje, ¿verdad?, para meterme en una escuela de curas maristas. Figúrate que ahí todo era pecado ¿no?

Absolutamente todo estaba bajo el signo del pecado. Además trataban de violarte, los religiosos, sobre todo a la hora de jugar al fútbol que te pusieran los sostenes, te acomodaran los testículos... Eran unos tipos espantosos. Yo no sabía qué hacer. Pero en fin me acomodé en México y ahí hice mis primeros años de estudios de preparatoria encaminados a la carrera de derecho. Yo no quería ser abogado, yo quería ser escritor.

> ...bastan estos libros para entender la teoría política y que son *La República* de Platón, *El Príncipe* de Maquiavelo, y el *Contrato Social* de Rousseau. Lo demás lo olvidamos.

¿QUE ERA VISTO COMO UN PECADO POR LA FAMILIA?

No un pecado pero me decían te vas a morir de hambre, ¿verdad?; un escritor en México no vive de sus libros, es una locura lo que vas a hacer. Me mandaron a ver a Alfonso Reyes nuevamente y Reyes me dijo: "Mira, éste es un país muy formal. México es un país muy formal. Si tú no tienes un título de abogado, si no eres el Licenciado Fuentes, entonces eres como una taza sin asa. No saben por dónde agarrarte, tienes que tener un título, luego haz lo que quieras. Y vas a saber que Stendhal tiene razón", me dijo, "el estudio del código civil es la mejor escuela para aprender cómo se construyen novelas." Tenía razón. Estuve en la Escuela de Derecho, pero no me gustaba. Preferí ir a Europa un rato. Estuve en

---

9. prostíbulos   10. masturbación   11. mandaron

Ginebra un año trabajando y estudiando en el Instituto de Altos Estudios Internacionales. Redescubrí una disciplina porque había sido muy pata de perro, luego la parranda[12] a los 17, 18, 19 años, pero descubrí el mundo que luego describí en *La región más transparente.* Lo frecuenté mucho. Todo ese mundo social mexicano, los mariachis, las plazas, las putas de los peores burdeles de México, entre las aristocracias o las pseudo-aristocracias...todo el mundo de *La región más transparente* se me cocinó en esos años en que fui muy indisciplinado y no hacía nada más que andar de fiesta en fiesta y de borrachera en borrachera. Pero luego en Ginebra, qué remedio, hay que disciplinarse, o se muere uno en ese país. Stendhal dijo: aquí se dan las rosas sin perfume. Entonces regresé ya muy limpio a México. Hice mi carrera de derecho. Comprendí que Reyes tenía razón, que el código civil francés servía para escribir novelas, que el derecho daba una apertura general. Tuve estupendos maestros, sobre todo un gran maestro que era Manuel Pedroso. Manuel Pedroso fue Rector de la Universidad de Sevilla, Embajador de la República Española en Moscú primero, luego en Caracas. Era un viejo extraordinario, de una vastísima cultura, ¿no? Y él por fortuna nos enseñó a leer, a mi generación, nos enseñó a leer en serio. El daba la clase de Teoría Política, Teoría del Estado. Y decía: "Miren, no vamos a perder el tiempo memorizando nombres y haciendo listas de teléfonos. Vamos a aprender en serio. Vamos a leer en serio tres libros porque bastan estos libros para entender la teoría política y que son *La República* de Platón, *El Príncipe* de Maquiavelo, y el *Contrato Social* de Rousseau. Lo demás lo olvidamos. Bueno, no se preocupen; no estudien derecho penal, lean a Dostoyevsky. Ahí está todo." Bueno, gracias a un maestro así pues era posible entender las cosas. Conocí a mis amigos de siempre, mis amigos generacionales. Entré a la vida de México y al salir de la escuela publiqué mi primer libro que es *Los días enmascarados,* un libro de cuentos. Y sentí que ya podía sentarme a escribir alguna empresa mayor que fue eventualmente *La región más transparente.*

---

12. fiesta

Después de leer

23. ¿Entendió? Trabajen en parejas y haciéndose las preguntas uno a otro, comenten los siguientes puntos:

a. ¿Por qué menciona Fuentes a todas las personas que tienen la misma (o casi la misma) fecha de cumpleaños que él?

b. ¿Cómo llegó a conocer al escritor Alfonso Reyes?

c. ¿Qué anécdotas cuenta sobre el autor Paul Morand?

ch. ¿Por qué dice que tuvo "una infancia desastrosa"?

d. ¿Qué tipo de vida llevó como adolescente en Buenos Aires?

e. ¿Qué consejos le dio Alfonso Reyes ante su plan de convertirse en escritor?

24. Análisis de la estructura. Con otro(a) colega, conteste las siguientes preguntas. Luego compare las respuestas con las de sus colegas de clase.

a. ¿Cuáles son las características en común entre esta autobiografía y la de Gades? ¿Cuáles son las diferencias?

b. ¿Contiene esta autobiografía los siguientes elementos?

humor

anécdotas

citas de otros

emoción

drama

información conocida sobre Fuentes

información compartida con el público hispano

experiencias comunes

expresiones coloquiales

una presentación organizada y coherente

c. ¿Cree que Fuentes ha logrado elaborar una autobiografía interesante con éxito?

25. **OTRAS PREGUNTAS.** Con otro(a) colega, elabore una lista de cinco preguntas que a Uds. les gustaría hacerle a Fuentes basándose en lo que ha dicho. Comenten con la clase cuáles son las preguntas más accesibles y que estimulan al entrevistado a que revele más de sí mismo, sin ser demasiado impertinentes. También indiquen las razones por las cuales Uds. piensan que estas preguntas serían más apropiadas para una entrevista con Fuentes.

26. **OTRA AUDIENCIA**

a. Si Fuentes se hubiera dirigido a otra audiencia que no estuviera compuesta por profesores, estudiantes, y críticos literarios, ¿qué modificaciones habría hecho en su discurso? Con otro(a) colega, elabore una lista de modificaciones en el discurso de Fuentes según el público al que se dirige:

1. un grupo de estudiantes de una escuela secundaria en Tejas
2. un grupo de actores españoles

b. Ahora, junto con un(a) colega, tome el papel de Fuentes y preparen una entrevista en que el(la) entrevistador(a) represente a uno de estos grupos de personas.

27. **LOS TEMAS.** Fuentes toca varios temas interesantes, por ejemplo:

a. los signos astrológicos
b. los empleos de los funcionarios de una embajada
c. gente que ha influido en su vida
ch. su carencia de infancia
d. su educación
e. su adolescencia
f. la influencia de la Segunda Guerra Mundial en su vida
g. su carrera de Derecho

A. Con otro colega, seleccione cuatro temas y haga un resumen de lo que Fuentes ha dicho en lo que se refiere a esos temas. Describa también la influencia que ha tenido cada elemento en su vida.

B. Luego, seleccione tres temas y, con un(a) colega, describa episodios de su propia vida relacionados con cada uno de ellos.

¡A PRESENTARSE!

AHORA LE TOCA A USTED

Ahora, piense en su propia vida; por ejemplo, experiencias interesantes, episodios importantes, tres personas influyentes en su vida, las cinco cosas que considera más importantes en su vida.

A. PREPARACIÓN. Ordene sus ideas cronológicamente según el año y escríbalas en una hoja de papel, con un formato parecido al de esta cronología:

1975: Con cinco años de edad, mis padres me mandan a una escuela privada en Suiza. Me quedo allí tres años y vuelvo a los Estados Unidos ya trilingüe.

1978: Mi primera pelea con otro chico americano, el primer día de clases en los Estados Unidos.

Trate de pensar en anécdotas, citas de otras personas, episodios graciosos o curiosos, para hacer interesante la historia y mantener la atención de sus oyentes.

B. PRÁCTICA. Luego déle la hoja de la cronología a un colega para que se familiarice con su vida y piense en algunas preguntas que pueda hacerle.

C. PRESENTACIÓN A LA CLASE. Después, representen una entrevista más o menos formal frente a la clase, en la que cada persona tendrá la oportunidad de hablar de sí misma, tratando de incorporar las estrategias y elementos que se han discutido en este capítulo:

1. el humor, anécdotas, citas de otros

2. emoción, drama

3. información compartida con el público americano

4. experiencias comunes

5. expresiones coloquiales

6. una presentación organizada y coherente

7. cosas que cree que puedan interesar a los oyentes

PARA MIRAR DE CERCA

Busque una entrevista, en un periódico o revista, a una persona conocida. Estudie las estrategias que utiliza el entrevistado al describirse y evalúe si ha logrado contar su historia de una manera interesante.

CAPÍTULO 2

¿QUÉ OPINA?

LA OPINIÓN PERSONAL DENTRO DE LA ENTREVISTA

Muchas veces nos vemos en la situación de tener que explicarle a otra persona nuestra actitud hacia la vida. Cada uno de nosotros tiene experiencias, actitudes y valores personales que influyen en cómo solicitamos o expresamos una opinión durante una entrevista. Una de las metas de este capítulo es estudiar varias estrategias para solicitar y expresar una opinión personal; por ejemplo, algunas de las estrategias que utiliza el entrevistado son contar anécdotas, dar razones, presentar circunstancias, expresar actitudes, hacer comentarios, manifestar su desacuerdo, o tomar turnos. También vamos a observar las estrategias que utiliza el entrevistador, como opinar, elaborar, controlar, dirigir, oponerse a una postura y aclarar ideas.

Cuando damos nuestra opinión queremos que el oyente ponga la mayor atención.

Antes de leer la conversación

1. Las estrategias. Con un(a) colega, comente las estrategias que les parecen más interesantes a la hora de expresar una opinión personal:

elaborar   contar experiencias personales

apoyar   presentar circunstancias

aclarar   seleccionar los detalles

tomar turnos   manifestar desacuerdo

comentar

Comenten también las estrategias que les parecen más interesantes a la hora de solicitar una opinión:

dirigir   enfocar

manifestar desacuerdo   negociar

preguntar   ofrecer su propia opinión

criticar   resumir

2. La opinión personal. Una persona expresa su opinión personal cuando dice lo que piensa sobre un asunto determinado, basándose en sus actitudes, valores o experiencias personales. Con un(a) colega, hable de cómo sería su mujer(hombre) ideal. Para usted, ¿qué es lo más importante de una persona? Después, su colega deberá expresar su acuerdo o desacuerdo basando su opinión en sus propios valores y experiencias.

3. La realidad: lo que detestas del otro sexo. Lea las siguientes respuestas de diez personas diferentes a la pregunta "¿Qué detestas del otro sexo?" Después, comente con un(a) colega cuál es el punto de vista que refleja mejor la opinión que tiene usted sobre el otro sexo y explíquele por qué.

Lo que más detestan ellas y ellos del otro sexo

a. "Son muy posesivas. Se creen que uno es un objeto y que ellas tienen el título de propiedad de su hombre."

—*Rafael Palacio. 28 años.*

b. "Creo que todos los hombres toman ventaja de las mujeres y sólo piensan en una cosa: el sexo."

    —*Alicia Hernández. 34 años.*

c. "Hay que tratarlos como bebés. Actúan como niños. Son desordenados y también muy ociosos."

    —*Tara Darnell. 21 años.*

ch. "Me quejo de que la mujer es muy inconforme con todo. Hasta cuando le haces el amor bien hecho, se queja."

    —*J. C. Campos. 36 años.*

d. "El hombre perfecto para las mujeres sería el que se dejara mandonear[1] como un títere[2]"

    —*Ricardo Hernández. 41 años.*

e. "Se dejan manejar por otra mujer: su madre. Si tienen pantalones deben llevarlos bien."

    —*Clara I. Suárez. 20 años.*

f. "Las mujeres viven según les convenga. Ahora trabajan, pero para ellas, para gastar el dinero a su conveniencia."

    —*Robinson Medel. 31 años.*

g. "Algunas por ampararse en la liberación femenina mal interpretada dejan de ser eso: femeninas."

    —*Jorge Aravena. 24 años.*

h. "Quieren que las mujeres les sirvan, laven y fuera de esto, trabajen, para ayudar a mantener el hogar."

    —*Carmen Pace. 43 años.*

i. "La infidelidad es su gran problema. No cumplen su palabra. Pero esperan que nosotras sí lo hagamos."

    —*Vivian Machado. 31 años.*

---

1. manipular   2. muñeco o figurilla que se mueve mediante una cuerda o artificio

> **ESTEREOTIPOS**
>
> - **Las mujeres son más nerviosas que los hombres.** Falso. No hay diferencia. Lo que sucede es que ellas expresan más abiertamente sus nervios que ellos, porque ellos consideran que sentir miedo es muestra de debilidad.
> - **Los hombres son más infieles por naturaleza que las mujeres.** Falso. Lo que sucede es que culturalmente es más aceptado que el hombre sea más infiel que ellas, por lo cual las mujeres esconden infidelidades con más frecuencia.
> - **Los hombres son más agresivos que las mujeres.** Falso. No hay diferencia, sólo que a las mujeres les enseñan a controlarse más, porque ante todo, deben ser damas. A muchos hombres se les enseña que pelear es de machos, por eso tienen más enfrentamientos físicos.
> - **El hombre es más celoso que la mujer.** Puede ser verdadero. Hay teorías que expresan que los hombres deben esto a su origen animal y a la conservación de la especie. Como algunos animales machos, ellos nunca tienen la seguridad de que el hijo que las hembras guardan en sus entrañas, es suyo. Y en su papel de procreadores, las celan para asegurar su descendencia. Aunque esto no significa que algunas mujeres no sean también extremadamente celosas.

LA CONVERSACIÓN

Lea las respuestas de July y Mónica a la pregunta ¿Qué te gusta y qué no te gusta de los hombres?

JULY: No me gusta que un hombre sea dominante, exigente o agresivo. Bueno, y no me gusta que a la mayoría de ellos les guste decir muchas mentiras para conquistar a una mujer y también les guste jugar con los sentimientos de las mujeres y piensen que ellas son ignorantes e inocentes.

MÓNICA: Bueno, en realidad de los hombres no detesto nada. Todos los hombres me parecen agradables. Me gustan, siempre y cuando sus modales y sus costumbres sean buenos, y mientras sean caballerosos. Quiero decir con esto que tengan buenos modales, que no sean rudos con las mujeres, que tengan esas costumbres de antes, como cuando estás en un ascensor y la puerta se abre y te dejan salir a vos* primero. También, cuando te vas a sentar a una mesa, que muevan la silla para sentarte y tengan estos pequeños detalles que hacen que el hombre sea atento y amable con la mujer y que la mujer se sienta bien. Cuando no es así, cuando tienen actitudes rudas o cuando les da lo mismo, entonces se olvida que la mujer, pese a todo, es femenina, y le gusta la amabilidad, las flores, la delicadeza.

Después de leer la conversación

4. OBSERVACIONES. Complete las siguientes frases con un(a) colega.

a. Las opiniones de July y de Mónica son diferentes en que…

b. Una estrategia de comunicación que se emplea en esta conversación es…

c. "La mujer, pese a todo es femenina, y le gusta la…".

   No estoy de acuerdo con esta idea porque…

   Estoy de acuerdo con esta idea porque…

   (Seleccione una opción)

En la conversación, July y Mónica dan ejemplos concretos para expresar los valores o actitudes que les importan. Por ejemplo, Mónica usa los detalles concretos de una mesa, una puerta y un ascensor, para explicar cómo debe ser un hombre atento y amable. Ahora, vamos a escuchar otro ejemplo de una conversación en la que los interlocutores expresan su opinión personal, en un programa de charla hispánico, *Cristina*, del canal de televisión hispano Univisión.

---

* expresión argentina para la forma familiar en segunda persona del singular.

Las mujeres y la independencia

PRIMERA PARTE

Cristina, popular animadora en un programa de entrevistas en el canal hispano Univisión.

En un programa de charla la meta del animador es dirigir la conversación de forma que las ideas giren en torno a las relaciones interpersonales. Vamos a escuchar una parte de un programa de charla cuyo tema es "las mujeres y la independencia". En esta parte de la cinta, la animadora utiliza la estrategia de hacer preguntas a los panelistas para que participen en la discusión y expongan sus propios puntos de vista sobre la independencia.

ANTES DE ESCUCHAR

5. OBSERVACIONES. La expresión de la opinión personal dentro de un grupo muchas veces es una lucha por el control. Generalmente, uno de los participantes toma el papel de líder y trata de dirigir la conversación según le conviene. En un programa de charla, por ejemplo, la animadora dirige la conversación. Con la clase entera, comente lo que se espera oír en un programa de charla. ¿Cómo responde la animadora a las diversas opiniones de los participantes? ¿Qué puede hacer ella si un participante se sale del tema de conversación? ¿Cómo establece conexiones entre su propia opinión y las opiniones de otras personas?

6. **PREGUNTAR.** Muchas veces, en un programa de charla, la animadora intenta estimular la participación de los panelistas. Para lograrlo, les hace preguntas. Si en un programa de charla el tema fuera el divorcio y usted quisiera saber la opinión de los panelistas, ¿de qué conceptos hablaría? ¿Cómo desarrollaría la conversación?

En la primera parte de esta conversación se puede observar que la animadora controla el tipo de respuesta que comunican las personas entrevistadas.

Una estrategia que emplea para obtener una respuesta particular es pedir razones y ejemplos de las opiniones expresadas. Si a la animadora no le agrada la dirección que toma un participante, puede redirigir la conversación u oponerse a la opinión expresada.

PALABRAS QUE VA A ESCUCHAR

codearse   tener trato de igual a igual una persona con otra

pecar   faltar de hacer algo

meter la cuchareta   interferir

agarrar   tomar con la mano

animador   la persona que anima a un grupo de gente

desanimar   quitar el ánimo, desalentar

una cuenta bancaria solvente   dinero en el banco para pagar las deudas

7. **¿ENTENDIÓ?**   Lea las siguientes preguntas.

a.   ¿Qué es lo primero que hace la animadora?

b.   ¿Qué le pregunta a Luis de la Corte?

c.   ¿Cuál es el punto principal que la animadora quiere destacar acerca de la independencia?

ch.   ¿Cómo responde la animadora cuando un participante no sigue en su línea de conversación?

Capítulo 2

🎧 ESCUCHAR

Escuche ahora la primera parte del programa de charla *Cristina*, de la televisión hispana, que trata sobre el tema de las mujeres y la independencia y tome nota sobre las anteriores.

Después de escuchar la cinta conteste las preguntas de la Actividad 7 con otro(a) colega.

8. INTRODUCIR EL TÓPICO DE DISCUSIÓN. Antes de conversar sobre las opiniones personales de los participantes, la animadora puede exponer un breve resumen de lo que se va a comentar, en el cual presenta las posiciones iniciales de los participantes sobre el tema. Escuche la introducción del programa otra vez y anote los nombres de los participantes con las opiniones que les correspondan.

9. NEGOCIAR UN TÓPICO. El tópico discutido en un programa de charla generalmente no se fija en detalle antes de empezar la entrevista sino que se establece por negociación durante la conversación. Escuche la conversación otra vez y observe cómo se efectúa la transición del tópico del materialismo al tópico de la independencia. Con un(a) colega, comente cómo sucede esta transición y cuál es el papel de la animadora durante este proceso.

10. NEGOCIAR UN CONFLICTO. Cristina responde a Ovith con la intención de criticar su opinión de que "la mujer debe ser femenina" y para resumir las opiniones sobre la independencia discutidas hasta ese momento. El propósito de Cristina al hacer este resumen es que Ovith se centre en el tema y no siga llevando la conversación por otro camino. Escuche la cinta una vez más y tome nota de estas estrategias.

DESPUÉS DE ESCUCHAR

11. RESUMIR. Con otras tres personas, seleccione un tema de conversación controvertido. Por ejemplo, el tema puede ser si la vida familiar es menos importante en el mundo moderno que en el pasado, o si los hijos deben pagar el alquiler a sus padres al llegar a su mayoría de edad. Cada persona debe dar su opinión, defendiéndola con argumentos basados en sus actitudes, experiencias y valores. Luego tienen que escoger a un(a) líder del grupo que resuma las diferentes opiniones para llegar a un acuerdo sobre el tema de discusión.

Las mujeres y la independencia (continuación)

SEGUNDA PARTE

La mujer busca independencia económica trabajando fuera del hogar.

En la segunda parte de la conversación uno de los panelistas emplea la estrategia de contar anécdotas para que el oyente preste mayor atención a su discurso. También se puede observar que el tono de la conversación es más candente y que un espectador utiliza la estrategia de criticar a uno de los panelistas por haber expresado una opinión a su parecer inaceptable.

ANTES DE ESCUCHAR

12. ¿CUÁNTO LE IMPORTA LO QUE DICEN LOS DEMÁS? Piense si le importa lo que digan los demás sobre usted. Luego compare sus respuestas con las de otro(a) colega, y comenten sus opiniones.

a. mi edad
b. mi apariencia física
c. mi educación
ch. mi profesión
d. mi casa
e. mis amistades

🎧 ESCUCHAR

Escuche ahora esta segunda parte del programa, que comienza con una elaboración sobre el tema de la independencia por parte de los panelistas. Una de las panelistas cuenta una pequeña anécdota para elaborar su propia opinión sobre el tema.

13. ¿ENTENDIÓ? Complete la siguiente información con un(a) colega.

a. A Luis de la Corte le gusta la mujer totalmente independiente porque...

b. Juan Ceneceres piensa que una mujer debe desarrollarse intelectualmente pero...

c. Para Ovith la independencia no es buena en la mujer porque...

ch. La espectadora tiene una opinión diferente de la de los hombres basada en que...

14. LA IMPORTANCIA DE LA ANÉCDOTA EN LA EXPRESIÓN DE UNA OPINIÓN PERSONAL. Hay varias maneras en que un hablante puede hacer más interesante su discurso para que el oyente preste más atención. Una opción es la de contar una anécdota. La función de la anécdota generalmente es aclararle al oyente una opinión de una manera interesante y divertida. Escuche la anécdota de Ovith y converse sobre estas cuestiones con una(a) colega:

a. la opinión de Ovith aclarada por la anécdota

b. el tema de la anécdota

c. el uso del diálogo dentro de la anécdota (un ejemplo)

ch. el uso del gerundio dentro de la anécdota (un ejemplo)

d. cómo Ovith logra hacer que los oyentes participen más en la anécdota

e. el efecto que produce la anécdota sobre los demás panelistas y los espectadores

Ahora, cuéntele a su colega una anécdota que demuestre su propia actitud hacia la importancia de la independencia.

15. **APOYARSE CON LO QUE DICEN OTROS OYENTES.** En un panel, a veces se crea un conflicto entre dos o más participantes, cada uno con su propia opinión y sin hacer concesiones. En esta situación es importante poder exponer las opiniones de otras personas que apoyen su propia opinión, dentro o fuera del contexto inmediato. Escuche la cinta otra vez y conteste estas preguntas con un(a) colega:

a. ¿Con quién forma alianza Cristina? ¿Por qué forma alianza con ella?

b. ¿Qué crítica tiene la espectadora en cuanto a las ideas de Ovith?

c. Al principio, la espectadora deja entrever una actitud crítica hacia Ovith pero más adelante lo critica abiertamente. Cite algunas frases en las que la espectadora critica abiertamente las opiniones de Ovith.

ch. La espectadora dice que una mujer debe ser independiente porque el hombre no siempre puede protegerla. ¿Qué ocurre si no hay un hombre en la vida de una mujer? ¿Es aún importante la independencia? Explique su opinión.

DESPUÉS DE ESCUCHAR

En un programa de charla como el que acaba de escuchar, varias personas ofrecen sus opiniones en un diálogo moderado por una animadora. Se pueden expresar opiniones empleando expresiones como las siguientes:

me desaniman ...   no me gusta entre otras cosas...

creo que...   no sé si es porque...

en realidad yo...   me atrae...

me molesta...   no sé si...

pues yo digo que...

Cuando un(a) entrevistado(a) quiere hacer ver sus propios puntos de vista, cambiar la dirección de una conversación u oponerse a lo que dice otro participante, puede emplear expresiones como éstas:

¡qué curioso que...!   ¿tú dices que...?

¿por qué tú dices...?   ¿tú piensas que...?

pero estamos hablando...   ¿quién te dijo a ti...?

16. AL LADO DEL ENTREVISTADOR. Con algunos(as) colegas, represente la continuación de este programa. Uno de ustedes desempeña el papel de animadora y los demás son los panelistas del programa. La animadora debe emplear las expresiones anteriores para estimular la participación de los panelistas.

Los panelistas deben elaborar sus ideas contando anécdotas o apoyando sus opiniones con valores, actitudes y experiencias personales. Después, pueden intercambiar papeles para que otra persona sea la animadora.

Desarrollar

17. ¿A QUIÉN LE DA LA ESPALDA*? Estudie los siguientes atributos de carácter. ¿Cuáles no le resultan atractivos en una persona? Trabaje con un(a) colega. Piense en las razones por las cuales no le interesa un tipo determinado de persona y cuente una anécdota que pueda explicarle a su colega por qué opina de esa manera.

Vocabulario

un corderito   tranquilo

manso   apacible

realizado   persona que hace real y efectivo algo por sí misma

atrevido   arriesgado, osado

mentiroso   que dice mentiras, embustero

excéntrico   de carácter raro, extravagante

celoso   que tiene envidia o recelo de lo que otro tiene o desea

pendenciero   persona propensa a riñas o pendencias

irrespetuoso   persona que falta al debido respeto

chismoso   persona que dice noticias falsas o verdaderas repetidas veces para indisponer a unas personas con otras o para murmurar de alguna

mimado   tratado con excesivo regalo o condescendencia

---

* rechaza

Una persona...	**Me atrae**	**Me molesta**

a. atrevida

b. mentirosa

c. excéntrica

ch. ingrata

d. franca

e. celosa

f. nerviosa

g. pendenciera

h. mansa

i. chismosa

j. mimada

k. agresiva

18. La importancia de las circunstancias en la expresión de una opinión personal. En el programa de charla que acaba de escuchar, los participantes muchas veces delimitan sus opiniones con circunstancias particulares. Con un(a) colega, lea las opiniones que figuran a continuación.

Después, refute o adhiérase a cada opinión, delimitándola con circunstancias particulares.

a. Las cosas que antes se veían como defectos hoy se pueden considerar como virtudes.

b. A muchos hombres les gusta controlar la situación.

c. El divorcio ocurre muchas veces por problemas de comunicación.

ch. La independencia es importante para el sentido de autoestima de una persona.

d. Las mujeres muchas veces resuelven sus propios problemas.

19. **La independencia y los ancianos.** Con un(a) colega lea las siguientes opiniones y piense en ellas desde la perspectiva de un(a) anciano(a). Después, representen los papeles de entrevistador(a) y anciano(a). El entrevistador debe entrevistar al anciano sobre estos temas y el anciano tiene que contestar las preguntas desde su perspectiva. Debe elaborar sus opiniones presentando circunstancias particulares y anécdotas. También debe dar ejemplos concretos para apoyar su opinión. El entrevistador debe dirigir y negociar el tema de conversación, además de resumir y aclarar los puntos de vista principales de la persona entrevistada. También puede ofrecer su propia opinión si lo desea.

a. Los ancianos deben vivir en hogares de ancianos y no con la familia.

b. Los ancianos deben cuidar a sus nietos cuando los padres no pueden.

c. Los hijos deben hacer todo lo que puedan por sus padres cuando éstos lleguen a la ancianidad.

Expansión

Una entrevista a Rafael Alberti

Lea la siguiente entrevista a Rafael Alberti, famoso poeta español de la generación de 1927. En esta entrevista, la meta no es dar información autobiográfica sino relatar las actitudes de Alberti hacia la vida, la vejez, la felicidad y las necesidades del ser humano.

"La poesía es no estar sentado, es no querer morirse, apasionadamente..."
—*Rafael Alberti*

Antes de leer

20. **La vejez.** Con un(a) colega, dé ejemplos concretos de estos conceptos en la vida de los ancianos. Imagine cómo pensaría un anciano o entreviste a una persona de edad avanzada para obtener información.

a. la imaginación

b. la capacidad de hacer varias cosas

c. la muerte

ch. la amistad

d. las visitas

e. la salud

f. las noticias en el mundo

g. el casamiento

Lectura

María Asunción Mateo
Sería el poeta más ufano del mundo

Hacerle una entrevista a Rafael Alberti sin caer en los tópicos que su literatura y su inquieta vida sugieren al entrevistador es, a estas alturas de la vida del poeta, bastante difícil. Sobre todo ahora que, a punto de cumplir noventa años, se convierte en el centro de atención de todos los medios informativos, que lo acosan con sus preguntas y destacan en titulares que es el "último superviviente de la Generación del 27".

—¿Qué efecto le produce cuando lee esto?
—No lo tomo como algo triste. A mí me halaga[1] muchísimo que lo digan, porque soy consciente de lo importante que ha sido esta generación y me siento muy orgulloso de haber sido miembro de ella.
—Me gustaría hacerle una entrevista "diferente" ¿Cree que eso es posible?
—¿Por qué no? Si comenzamos a hablar entre uno y otro, puede darse la originalidad y surgir algo que no se haya dicho antes.
—¿De qué depende que pueda ser original?
—De su inteligencia al preguntar, dado el conocimiento grande que tiene de mí. Lo que importa es que las preguntas, más que difíciles, sean oportunas.
—¿Cuál sería una pregunta oportuna?
—Por ejemplo: "En este momento en que va a cumplir noventa años, ¿está contento todavía y es capaz de llevar a cabo esta entrevista sin que el peso de la edad tenga ninguna influencia sobre sus respuestas?"
—Le tomo la palabra... ¿Está usted contento todavía?
—La verdad es que triste no estoy en absoluto. Tengo casi noventa años y puedo hacer una entrevista alegre como ésta, escribir un capítulo de *La arboleda perdida*, pintar, recitar, viajar por todo el mundo... No siento para nada que tenga influencia especial "eso de la edad".

Imaginación viva
—¿Qué es "ser viejo"?
—Ser viejo es, a veces, el camino para ser tonto. Porque, en ocasiones, a una edad alta, la inteligencia no funciona y las respuestas que se dan pueden ser mediocres y sin intensidad de ninguna clase.

---

1. satisfacer el amor propio

—Usted escribió en *Versos sueltos de cada día*: "La poesía es no estar sentado, es no querer morirse, apasionadamente..."

—Es verdad. Sigo creyendo que la poesía es no estar sentado, y esto quiere decir tener la imaginación completamente viva, que lo que no esté sentado sea la imaginación. No veo por qué razón el cumplir un año más influya de manera en que uno aparezca con menos talento, ¿verdad?

—¿También la poesía "es no querer morirse, apasionadamente"?

—Sí, y lo he dicho muchas veces. El morirse es, perdone que le diga esta palabra, una imbecilidad. Porque, ¿a qué viene eso de morirse? Lo mismo puede llegar a los veinticinco años que a los treinta y ser igual de trágica.

—¿En qué cree que radica[2] el hecho de la longevidad: suerte, destino, deseos de seguir viviendo...?

—Yo, indudablemente, tengo un deseo de no querer morirme, pero tampoco es algo que me repito a todas horas. Me podía haber muerto a los treinta y cinco años o a cualquier otra edad, pero he tenido la suerte de haber llegado en la vida hasta aquí.

—¿Qué es lo que más le gusta de la vida?

—El sentirla alrededor de mis amigos, el ser una persona atendida. A mí me gusta mucho la amistad, mucho, mucho. Y que el amigo esté cerca, presente, el que venga a mi casa, como casi todos los días ocurre, y coma en mi terraza... Eso es una de las cosas que más me halagan.

—Su casa de Marqués de Urquijo era "una casa abierta a los amigos".

—Sí, es cierto. Y ésta de ahora también, por aquí vienen amigos de verdad, de los que no veía hace muchos años y que he vuelto a recuperar, incluso algunos de mi vida argentina, como Jacobo Muchnik, que en Buenos Aires frecuentaba mucho nuestra casa y nosotros la suya cuando aún vivía Elisa, su mujer. También viene a vernos Pepín Bello, amigo desde la Residencia de Estudiantes, por citarle nombres de tiempos muy lejanos. Si tuviera que hacerle una enumeración de los amigos que acuden[3] a casa, estaríamos aquí dos o tres días y siempre se molestaría alguno si no lo cito. Todo el mundo sabe que no soy una persona restringida ni creadora de problemas de ningún tipo, al amigo que yo noto que le gusta estar junto a mí, nunca lo rechazo.

—¿Y qué es lo que menos le gusta de la vida?

> "Yo siempre he pintado desnudos... Aunque, pensándolo bien, sí puede tener relación con mi edad, con un deseo de que el hombre no quiera apagarse. Quien pinta, quien ha vivido plenamente los museos, es muy raro que no sienta amor por el desnudo"

---

2. estar situadas ciertas cosas en determinado lugar   3. ir o asistir con frecuencia a alguna parte

—Lo que menos me gusta... Quizá seguir cumpliendo años. Yo pienso mucho en la edad en que murió Tiziano, Goya... y otros artistas que vivieron tanto. Veo que voy logrando esa edad y superándola en algunos casos, sin ningún esfuerzo ni temor especial.

—¿Qué pequeñas cosas alegran su vida cotidiana?

—Yo soy un hombre de pocas necesidades, y más bien de felicidades. Necesito querer a la gente y que ella me corresponda, sentirme rodeado de aquéllos a los que tengo afecto.

—A través de su vida le habrán hecho múltiples preguntas. ¿Cuál le ha resultado más impertinente?

—La verdad es que ahora no lo sé, desde luego me la deben haber hecho... Cuando esto sucede o no me doy por aludido[4] o contesto con una evasiva[5] divertida, es lo mejor.

—¿Qué necesita Rafael Alberti para sentirse feliz?

—Necesito notar que mi mentalidad, mi cabeza, no ceden[6]. Y que soy una persona que, teniendo la edad que tiene, su imaginación es libre y no le asusta cumplir un año más, aunque eso no sea precisamente una maravilla.

—¿Cree que tiene enemigos en este momento?

—Hombre, conocidos no lo sé, debo tener alguno, porque los llamados "artistas" solemos a veces tener enemigos y, sobre todo, enemigos que uno no conoce. Pero no tengo uno en concreto que me haga ningún daño especial o que se dedique a fastidiar[7].

—¿Pero en este momento de su vida puede existir alguien que pueda causarle daño a su figura pública?

"Hay mucha gente demasiado preocupada por mi significación en la historia de la literatura. Y en ocasiones me hacen unas preguntas que no las sé responder ni yo mismo, porque es más grande su preocupación por mi obra que la que yo tengo"

UN DÍA PURO

—¿Qué le puede angustiar a los noventa años al despertar?

—Me podría angustiar el que me sintiera enfermo o cohibido[8] por algún hecho físico, pero si yo no estoy afectado por nada de eso soy una persona alegre. Pienso que la salud es muy importante y como me siento muy bien, no me planteo problemas trágicos, de inseguridad.

—¿No le angustia el mundo que lo rodea, las noticias de los periódicos?

—El mundo que me rodea, el mundo en que vivo me angustia mucho, claro, porque hay sucesos tremendos, todos los días leo lo que ocurre y me afecta desde lo de la marea[9] negra de Galicia hasta las guerras más distantes. Pero siempre confío en que el día que me llega cada mañana sea un día puro.

---

4. referirse a una persona o cosa   5. respuesta para evitar algo   6. debilitar   7. molestar, enfadar, irritar
8. reprimido   9. movimiento periódico de ascenso y descenso del agua del mar

—¿Por qué siempre hay una guerra de telón de fondo en el discurrir de la vida?
—Porque estamos en un siglo muy conflictivo que no ha dejado de tener una guerra presente o una a punto de aparecer. Lamentablemente, estoy acostumbrado, no me gustaría que ocurriera algo tan monstruoso, pero así ha sucedido durante toda mi vida.

—¿Con quién, además de sus amigos, le gustaría celebrar su fiesta de cumpleaños?
—Lejanamente invitaría a Góngora[10] y también a Garcilaso[11], porque son poetas preferidos míos que han influido tanto en mi vida. Con que alguno de estos dos viniera a estar conmigo, me sentiría el poeta más ufano[12] del mundo. También me gustaría mucho que estuviera Federico[13].

—¿Si Garcilaso volviera, usted...?
—Sí, sí... "Si Garcilaso volviera yo "seguiría siendo su escudero[14]...", porque no sólo era un buen caballero, sino un gran poeta, grandísimo.

Don especial

—¿La genialidad se contagia a los que uno tiene alrededor?
—Creo que es un don especial, y puede pasar de pronto que una persona que parezca que no ha tenido nada de genial por una causa o por alguna razón, le aparezca en la vida un relámpago de esa posible genialidad, ¿verdad? Cuando la gente está conmigo no es porque piense que uno sea un genio, como usted dice, sino quizá porque soy una persona especialmente dotada, a la que se le oye decir cosas que, quizá parecerán muy distintas a las de los demás.

—Tengo la sensación de que los estudiosos de su obra están mucho más preocupados que usted por la trascendencia e importancia de ella. ¿Me equivoco?
—No se equivoca. Hay mucha gente demasiado preocupada por mi significación en la historia de la literatura. Y en ocasiones me hacen unas preguntas que no las sé responder ni yo mismo, porque es más grande su preocupación por mi obra que la que yo tengo.

—¿Y cuál es el lugar que usted cree que le corresponde? ¿Es consciente de la proyección universal de su figura literaria?
—Creo que tengo un lugar merecido, pero tampoco tanto como si yo fuese Garcilaso o Góngora. Sé que soy un buen poeta, sin presumir de ello, aunque indudablemente pensando que lo soy, y no me molesta que la gente lo crea ni mucho menos, porque he demostrado con mi poesía que tengo algo de excepción. Y lo digo con toda modestia, créame.

Amor por el desnudo

—A través de su pintura se ve una preferencia por el desnudo femenino que en los últimos años se ha ido acentuando. ¿Guarda este hecho algún paralelismo con su edad?
—No, porque yo siempre los he pintado... Aunque, pensándolo bien, sí puede tener relación con mi edad, con un deseo de que el hombre no quiera apagarse.

---

10. gran poeta español del siglo XVII   11. gran poeta español del Renacimiento   12. satisfecho, alegre
13. Federico García Lorca, gran poeta español de la generación de 1927   14. el que sirve a un caballero

—¿Quiere ser siempre "llama de amor viva"?
—¡Claro! Lo creo sinceramente, aunque pueda parecer una cursilería[15], que no lo es. El hombre que pinta, el que ha vivido plenamente los museos, es muy raro que no sienta amor por el desnudo.
—Cuando los críticos estudien su pintura, dirán que a partir del año tal, Alberti comienza a pintar en negro y darán a esto su lectura particular. ¿Qué opina de este paso de su acostumbrado cromatismo a la sobria línea negra actual?
—Sin duda alguna, es una búsqueda. Yo soy una persona muy inquieta, a la que le preocupa mucho no repetirse. Y esos trazos últimos obedecen, indudablemente, a lo mismo, pero en ningún momento he abandonado los colores, más bien los he ido alternando.
—Su vida ha estado siempre, por cualquier motivo, rodeada de polémica. ¿A qué se debe esto, cuando usted parece una persona tranquila?
—Son cosas que vienen espontáneamente, porque yo, sin querer, soy una persona que va buscando líos[16].
—¿En qué forma, en qué manera, la imagen de María Teresa León sigue viva en Rafael Alberti?
—Mire, en lo poético... Y en lo físico también. Yo me acuerdo mucho de María Teresa y en los poemas que le he dedicado, como "Cuando tú apareciste", hablo siempre de su belleza que era para no olvidar y no he olvidado. Porque, realmente, era una mujer esplendorosa, muy activa, incansable. Nos consultábamos todo lo habido y por haber. María Teresa ha sido para mí una persona fundamental.

HOMBRE Y POETA
—¿Es mejor poeta que ser humano?
—No se puede separar ambas cosas. Si yo no fuera un ser humano de cierta calidad, con seguridad no sería el poeta que soy.
—¿Qué pregunta ha esperado siempre y nunca le han hecho?
—Me agradaría que me preguntasen si me gusta el chocolate. Y respondería que sí, desde muy chico.
—¿Siempre está de tan buen humor?
—Aunque puedan decir lo contrario, la verdad es que generalmente sí, los gaditanos[17] somos personas más bien optimistas.
—Señor Alberti, hay una pregunta que nunca se han atrevido a hacerle y que no me resisto a formularle...
—Diga usted... No tenga miedo.
—¿Cómo se le ocurrió casarse a los ochenta y siete años?
—Verá... Porque yo no tenía, tal como se entiende, ochenta y siete años. Bueno, los tenía y no los tenía, ya que si los hubiese tenido realmente no me habría casado. Pero no los tenía, pues si para mí hubiese significado lo mismo que para la mayoría de la gente tener esos años, no creo que hubiera estado en la edad más propicia para contraer matrimonio. Como verá, es un lío explicárselo... Pero ¿le complace la respuesta?

---

15. actitud de una persona que pretende ser fina y elegante sin conseguirlo   16. enredos   17. natural de Cadiz, España

21. ¿ENTENDIÓ? Con un(a) colega, conteste las preguntas siguientes.

   a. ¿En qué sentido negocia la entrevistadora el tópico de la conversación?

   b. ¿Cómo reacciona Alberti ante la idea de ir a cumplir 90 años? ¿Le afecta mucho? Razone su respuesta.

   c. ¿Cuáles son las necesidades más importantes de Alberti?

22. INFLUENCIAS DE OTROS EN LA FORMACIÓN DE UNA OPINIÓN. Alberti habla de varias personas y escritores que han influido mucho en su vida. Con un(a) colega, converse sobre los artistas, profesores o amigos que han influido en su vida. ¿En qué sentido es usted una persona diferente hoy día gracias a ellos? ¿Cómo influyeron sobre la formación de sus actitudes?

¡A PRESENTARSE!

AHORA LE TOCA A USTED

A. Trabajen en grupos de seis personas. Van a representar un programa de charla sobre el tópico de si los padres modernos son mejores que los de antes. Escoja su papel y piense en la opinión que va a exponer:

Panelistas (tres personas)

1. un padre/una madre

2. un(a) estudiante universitario(a)

3. una mujer/un hombre profesional

Espectador(a) (dos personas)

Animador(a)

B. Se sugiere que incluya estos elementos en la conversación:

1. Por parte de la animadora

   —dar un resumen de las ideas básicas de los panelistas

   —negociar el tópico que van a desarrollar

—llegar a un acuerdo sobre su propia opinión y la opinión de uno de los panelistas o un conflicto entre dos panelistas

—ofrecer su propia opinión

—resumir las diversas opiniones de los panelistas

—controlar quién habla y cuándo

—solicitar la ayuda de los espectadores

2. Por parte de los panelistas y los espectadores

—seleccionar detalles concretos que demuestren su opinión

—contar una anécdota

—expresar circunstancias particulares

—oponerse a las opiniones expresadas por otros panelistas directa o indirectamente

PARA MIRAR DE CERCA

Busque en la televisión hispánica otro programa de charla. Prepare un informe para la clase en el que analice el tópico presentado, las evaluaciones personales de los invitados sobre el tópico y las estrategias empleadas por los participantes al solicitar y expresar una opinión personal.

CAPÍTULO 3

DÍGAME, ¿CÓMO ES?

DESCRIPCIÓN DE UN LUGAR

Todos nos hemos visto alguna vez en la situación de tener que describirle a otra persona un lugar, como por ejemplo cuando estamos buscando apartamento. En esta situación tenemos que describirle al agente de bienes raíces la localidad, el número de habitaciones y otras características del apartamento para que entienda exactamente lo que queremos. En otras ocasiones describimos un lugar con el propósito de entretener a una audiencia. En este capítulo vamos a estudiar algunas de las estrategias empleadas por los hispanohablantes para dar la descripción de un lugar, como por ejemplo adoptar un punto de vista, seleccionar detalles, hacer comentarios, dramatizar, elaborar, comparar y contrastar, y aclarar. El estudiante tendrá oportunidad de practicar estas estrategias en actividades en las que se describen diversos lugares.

Los paisajes naturales ofrecen una gran variedad de detalles para describir.

ANTES DE LEER LA CONVERSACIÓN

1. UNA EXPERIENCIA PERSONAL. Todos hemos pasado por experiencias que nos han conmovido mucho. Después, al recordar el lugar donde sucedieron, evocamos esas mismas emociones. Lea las siguientes palabras que describen estados emocionales. Piense en tres lugares que evoquen en usted diversos sentimientos y luego describa a un(a) colega cómo es el lugar y el sentimiento asociado al mismo.

temor	desesperación	amargura
sorpresa	nostalgia	humor
alegría	hostilidad	desasosiego
amor	enojo	ternura

2. LAS ESTRATEGIAS. Con un(a) colega, comente los elementos que les parecen más importantes en la descripción de un lugar:

seleccionar detalles	dramatizar
describir emociones	elaborar
hacer comentarios	dar razones
comparar/contrastar	adoptar un punto de vista

3. LA IMPORTANCIA DE PREPARAR AL OYENTE. Antes de describir una experiencia y el lugar en donde sucedió, es importante preparar al oyente con una breve frase que capte su interés, revele la perspectiva del hablante y anticipe lo que se va a contar. Con un(a) colega, lea estas frases y comenten cuál puede ser la circunstancia y el lugar que va a describir.

a. Ana, ¡lo que tengo que contarte de mi cita con Miguel...!

b. ¿Te he contado de cuando me atropelló una bicicleta?

c. Me estoy muriendo de aburrimiento. No me gusta esta película de horror.

4. IMÁGENES DE LA NATURALEZA. Con un(a) colega describa estas fotos del Monasterio de Piedra, en Aragón, España. ¿Qué sentimiento evocan estas fotos en usted? ¿Le recuerdan otro lugar parecido? ¿Qué detalles va a seleccionar para describirle las fotos a su colega? ¿Puede inventar un marco para hablar de estas fotos? (estar de vacaciones, visitar a un(a) amigo(a) español(a) que vive cerca de allí, etc.) Realice una descripción que tome en cuenta todas estas ideas, empleando la siguiente lista de palabras:

De arriba a abajo y de izquierda a derecha: Gruta de la Pantera, Cascada Cola de Caballo, Torrente de los Vadillos.

Capítulo 3

VOCABULARIO

entorno   contorno; pasaje que rodea una población
riachuelo   río pequeño
chorro   agua u otro líquido que sale por una abertura con alguna presión
desplomar   caer verticalmente una cosa de gran peso
recuesto   una inclinación del terreno
fresno   árbol de madera blanca, apreciada por su elasticidad
atropelladamente   con desorden y precipitación
regar   esparcir agua sobre una superficie
precipitarse   atropellar, acelerar
peñasco   piedra grande natural
manantial   fuente natural que brota de la tierra o de la piedra
brotar   salir el agua de los manantiales
sombra   oscuridad, falta de luz
guijarro   piedrecilla
banco   terreno bajo
orilla   límite de la tierra que la separa del agua
gruta   caverna natural abierta en las peñas
estalactita   roca que pende del techo de las cavernas

LA CONVERSACIÓN

Lea la siguiente conversación entre Eduardo y Sara. En ella, Sara habla de la nostalgia que siente al recordar su ciudad, Lima, en el Perú, y los problemas que tiene la ciudad hoy en día.

Plaza de San Martín en Lima, Perú.

Dígame, ¿cómo es?

SARA: Aunque los dos somos peruanos, los dos nacimos en regiones diferentes, porque yo soy de la costa. Yo nací en Lima. En Lima sí he visto un cambio enorme. Recuerdo, por ejemplo, la Avenida Alfonso Ugarte, tú la conoces, una de las arterias grandes de Lima. Era como un parque en mi tiempo, ¿no? Era tranquila, había árboles como el jacarandá, de flor tan linda como una flor violeta. Había en la parte central un jardín, montones de flores. Ahora todo eso está como desierto, no hay nada.

EDUARDO: El problema es que Lima ha sido invadida por gente de la zona andina, de la región que nosotros llamamos la sierra, de modo que creo que eso ha afectado no solamente la estética de la ciudad, sino también la polución y contaminación, el desorden y el caos.

SARA: Así es; caos no había antes porque era una ciudad chica, una ciudad donde se podía vivir bien y llevar una vida agradable, ¿no? Pero con toda esta cantidad de población que ha venido de las provincias ya los servicios no alcanzan; como el terrible problema de la falta de agua que tenemos; es que prácticamente los servicios no dan abasto para la cantidad de población. Con la luz, lo mismo; con el teléfono, lo mismo; es decir, nada de lo que había alcanza para la población que tenemos ahora.

EDUARDO: En ciudades como Lima, por ejemplo Cuzco, Arequipa, etc., hay un denominador común: carencia de servicios, como tú mencionaste. El agua alcanza solamente al 60% de la población; el 40% carece de agua, por lo menos de agua aceptable para beber. Y además el caos del transporte es tremendo.

Después de leer la conversación

5. ¿Entendió? Conteste las siguientes preguntas con un(a) colega y luego compare sus respuestas con las de la clase.

a. ¿En qué difieren las perspectivas de los dos participantes?

b. ¿Qué adjetivos puede usar para describir cada perspectiva?

c. ¿Qué detalles selecciona cada individuo para exponer su punto de vista?

ch. ¿Qué comentario hace Eduardo sobre la Lima de hoy?

d. ¿Qué razones da para apoyar su comentario?

Se pueden observar dos perspectivas en esta conversación. Por un lado, Sara quiere describir al oyente lo linda que era Lima hace 20 años. Selecciona lugares y objetos especiales para ella y desarrolla una imagen visual de Lima para el oyente mediante expresiones como "montones de flores", y "como una flor violeta". Por otra parte, Eduardo comenta los problemas en Lima, ofreciendo una explicación para que el oyente entienda mejor. Selecciona detalles que describen el caos y desorden de esta ciudad.

Ahora vamos a escuchar una descripción de un lugar, grabada del programa *Habitando el Sur*, de SCOLA. En ella el hablante selecciona detalles de tiempos remotos para captar el interés del oyente.

Habitando el Sur

Primera Parte

Antes de escuchar

6. Relatar una situación dramática. Al describir un lugar que evoca en él ciertas emociones, el hablante tiene que recrear la imagen de dicho lugar con viveza ante los ojos de su interlocutor. Una forma de lograr este efecto es relatar una situación dramática ambientada en ese lugar para despertar su interés. Con un(a) colega, piense en una circunstancia dramática real o imaginaria que pudiera ser ambientada en uno de estos lugares:

a. un avión

b. una escuela

c. el centro de una ciudad

ch. un restaurante

d. un precipicio en una senda montañosa

e. el océano

Después relate a su colega el suceso y describa el lugar donde ocurrió, con gran lujo de detalle. Organice su descripción de esta manera:

a. buscar un pretexto para describir ese lugar

b. describir el lugar con todo detalle

c. explicar dónde estaba en el momento del suceso

ch. relatar el suceso

d. describir el estado emocional que provocó en usted el suceso

En la primera parte del programa *Habitando el Sur,* en el que se describe una región histórica de Chile, se puede observar cómo el narrador asocia a este lugar los conceptos de honor, deber, fortuna, valentía y aventura para captar la atención del oyente. Observe la manera en que estructura la descripción de una espléndida ciudad, empezando con una visión general de la misma y describiéndola con más detalles después.

PALABRAS QUE VA A ESCUCHAR

remontar   volar por lo alto la imaginación

desafiar   poner a prueba

intrépido   que no teme al peligro

boscoso   que abunda en bosques

tripulación   marineros

confluencia   lugar donde un río se une con otro

amanecer   comienzo del día

ingresar   entrar

asombro   sorpresa

circundar   cercar, rodear

prendas   partes del vestido

hechizar   atraer, causar un efecto muy grato

7. LA DESCRIPCIÓN Y LA SELECCIÓN DE DETALLES VISUALES. En la cinta, el narrador usa imágenes visuales con respecto a estas ideas:

a. la lluvia

b. las rocas

c. el sol

ch. el día

d. la zona boscosa

e. las montañas

f. Wenguilé

ESCUCHAR

Escuche ahora la primera parte de este fabuloso relato ambientado en la legendaria ciudad de Wenguilé. Tome nota de las imágenes visuales que emplea el narrador con respecto a las ideas anteriores.

8. LA ESTRUCTURA DE UNA DESCRIPCIÓN. Escuche la descripción por segunda vez y observe las siguientes estrategias de organización que emplea el narrador.

a. comenzar con una visión general y seguir con detalles específicos

b. organizar la narración cronológicamente

Después, comente con un(a) colega cuál es la relación entre la estructura de la descripción y el intento de presentar el lugar al oyente de una forma interesante, relatando una dramática historia ambientada en el mismo.

9. EL DRAMA DE LAS ACCIONES. Lea las siguientes preguntas sobre el contenido de la cinta y contéstelas con otro(a) colega. Puede escuchar la cinta de nuevo si lo cree necesario.

a. ¿Cuál es el marco de esta historia?

b. Describa las dificultades que encontraron el príncipe y su tripulación durante su viaje.

c. Describa con todo detalle cómo era el lugar que encontraron.

ch. ¿En qué lugares habían estado antes de descubrir este nuevo paisaje?

Después de escuchar

10. Dos lugares sospechosos. Imagínense que usted y su colega son detectives. Una persona acaba de prestar información sobre varios lugares que pueden ser importantes en la solución de un crimen. Usted decide buscar pistas en un lugar y su colega en el otro. Después, describa con su colega el lugar y las pistas que encontraron.

A. Seleccione dos de estos lugares para investigar:

1. un casino
2. Liverpool House, una taberna
3. el piso X de un hotel en el centro
4. una casa abandonada
5. una clínica privada
6. una biblioteca

B. Seleccione todos los detalles físicos que puedan ser pertinentes para describir este lugar a su colega.

C. Describa una pista que haya encontrado en ese lugar y el lugar donde lo haya encontrado. Primero, describa el lugar en general y después, el lugar específico donde encontró la pista.

CH. Describa sus reacciones ante los hallazgos.

Habitando el Sur (continuación)

Segunda Parte

En esta parte de la descripción se ilustra la afirmación de que la ciudad de Wenguilé es "la ciudad más bella conocida hasta entonces".

ANTES DE ESCUCHAR

11. LA DESCRIPCIÓN DE UNA CIUDAD. Con un(a) colega, observe estas fotos de la ciudad de Ateca, España. Después, preparen una descripción de la ciudad que explique por qué Ateca se conoce como "una joya de los tiempos medievales". Usen el vocabulario que figura a continuación para apoyar esta afirmación.

De arriba a abajo y de izquierda a derecha: Vista general de Ateca, torre del reloj, rincón típico.

54   *Dígame, ¿cómo es?*

VOCABULARIO

LA ARQUITECTURA

fisonomía mudéjar   estilo arquitectónico en el que entran elementos de arte cristiano y de la ornamentación árabe

torre   edificio fuerte y elevado para defenderse de los enemigos la situación

encaramado   elevado

altura   elevación de una cosa sobre la superficie de la tierra

EL PAISAJE

ameno   atractivo por su belleza y lozanía

colinas   elevación de tierra, menor que una montaña

LAS COSTUMBRES

ermita   santuario situado en un lugar despoblado

ESCUCHAR

Escuche ahora la segunda parte de la descripción.

12. IDENTIFICACIONES. Comente los detalles que apoyan la perspectiva de que Wenguilé es "una ciudad muy interesante y bella".

a. arquitectura

b. paisaje

c. gente

ch. costumbres

DESPUÉS DE ESCUCHAR

13. UN AGENTE DE VIAJES. Piense en un lugar que conozca muy bien e invente un logotipo que capte la esencia de ese lugar. Después, descríbaselo a un(a) colega. Seleccione los detalles que apoyen su perspectiva y organícelos categóricamente: gente, costumbres, arquitectura, paisaje, actividades.

DESARROLLAR

14. HABLANDO DE LOS ANTEPASADOS. A veces se describe un lugar para ambientar una historia. La función de la descripción en este contexto es compartir con los miembros de la familia información hasta entonces desconocida y asociada con experiencias íntimas. Con un(a) colega, tome los papeles de anciano y joven. El anciano debe describirle a su pariente joven cómo era el lugar donde vivía: el paisaje, el clima, la gente y las costumbres. Puede comentarle cómo era la casa donde vivía o su lugar de trabajo. (Puede entrevistar primero a un abuelo u otra persona mayor para obtener información interesante si desea). Después, intercambien papeles; su colega le describirá los lugares relacionados con sus antepasados.

15. DESCRIPCIÓN DE LUGARES PARA ACLARAR CONCEPTOS ABSTRACTOS. Muchas veces es necesario clarificar o ilustrar un concepto abstracto mediante una descripción de lugar que pueda ayudar al oyente a entenderlo mejor. Con un(a) colega, piense en un lugar para que pueda ilustrar uno de los conceptos que figuran a continuación y descríbalo con todo detalle, de una forma interesante y personal.

a. valentía
b. estupidez
c. manipulación
ch. negligencia
d. trabajo voluntario
e. inmigración
f. libertad
g. disciplina
h. experiencia estética
i. injusticia

16. LA PERSPECTIVA Y LA DESCRIPCIÓN. Cuando alguien le describe a otra persona un lugar, lo hace desde su propia perspectiva, ya que se puede ver el mismo lugar desde varios puntos de vista. Por ejemplo, con respecto a un lugar turístico, a una persona le interesan las amenidades, a otra persona le atraen las posibilidades de aventura y otra persona percibe los problemas sociales. Muchas veces el hablante influye en esta perspectiva. Reúnanse en grupos de seis personas. Cada miembro del grupo debe desempeñar uno de los siguientes papeles:

a. músico
b. aventurero
c. geólogo
ch. estudiante
d. cura
e. madre

Ahora, imagínense que acaban de visitar la región indicada en el mapa.

Según su papel particular, ¿qué detalles van a seleccionar para describirlo? ¿Cuál será su perspectiva y qué razones pueden dar para apoyarla? ¿Cómo van a organizar la descripción? Cada persona del grupo deberá describir el mismo lugar, pero desde su perspectiva particular. Después, como grupo, comparen y contrasten las diferentes descripciones.

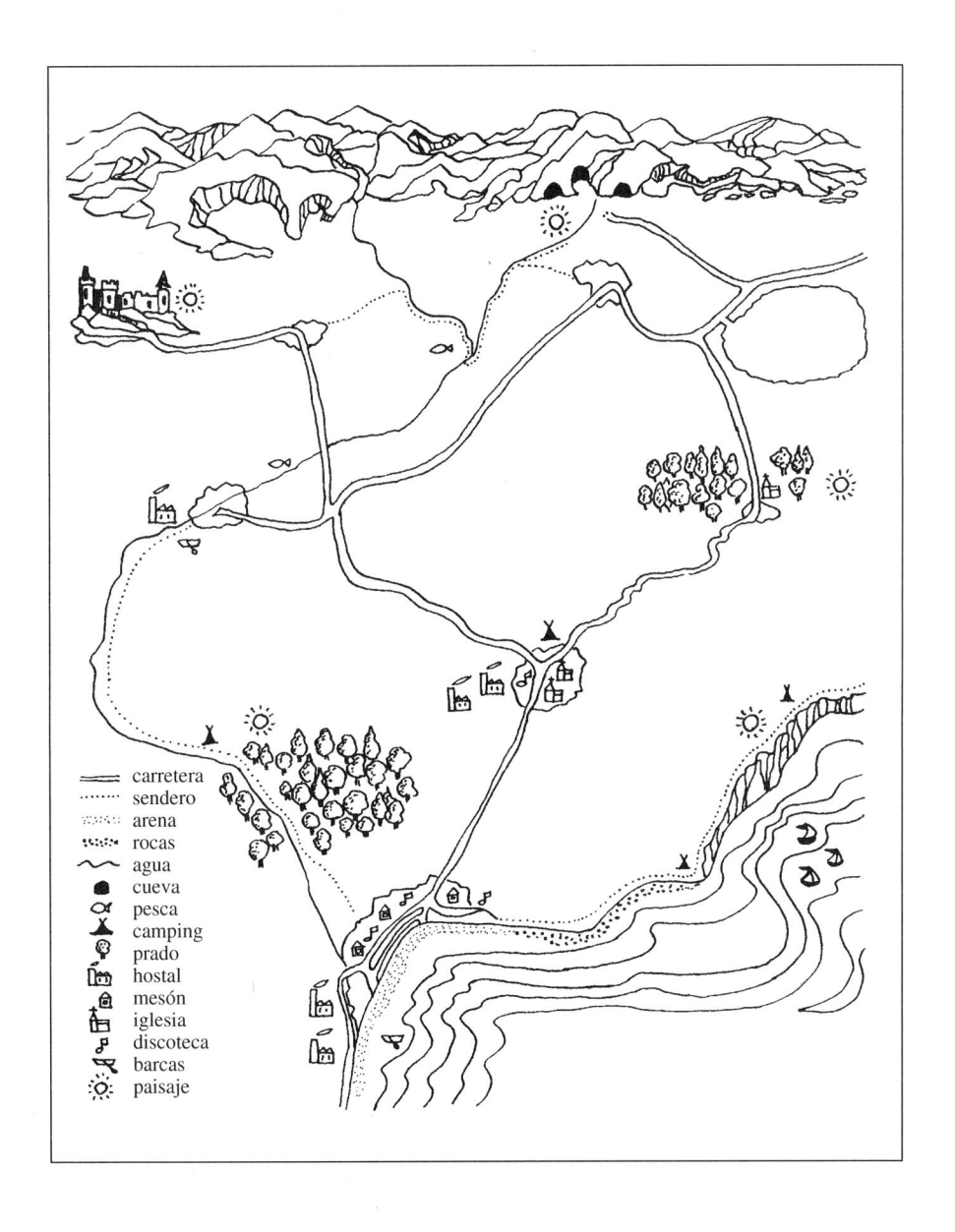

Capítulo 3 57

17. LA DESCRIPCIÓN Y LA ELABORACIÓN DE LO QUE DICE OTRO. Muchas veces en una conversación una persona menciona un lugar, dándole al oyente la oportunidad de elaborar, extender o negar lo que dice el hablante sobre el lugar en cuestión. Reúnanse en grupos de cuatro personas y representen uno de los papeles que figuran a continuación. Una persona del grupo debe iniciar una conversación sobre Disney World, en la Florida. Los otros van a elaborar el tema desde su perspectiva particular. Conversen sobre las diversiones, la gente, el paisaje.

a. una madre con dos niños de 2 y 3 años

b. una familia nuclear con hijos de 7 y 9 años

c. un hombre que tiene vértigo

ch. una persona que visita Disney World sin compañía

Expansión

Antes de leer

18. LA POESÍA Y LA DESCRIPCIÓN DE UN LUGAR. La descripción de un lugar puede hacerse en forma poética. Un ejemplo de este tipo de poesía descriptiva es la de Robert Frost. Con un(a) colega, comente las imágenes empleadas en este tipo de poesía. ¿En qué se diferencia la descripción poética de un lugar de una descripción narrativa?

Lectura

Lea este poema de Antonio Machado, un poeta español de la generación del 27 (de 1927). Entre sus obras se destacan *Soledades* y *Campos de Castilla*. Esta selección viene de su poema "Campos de Soria", que habla de la histórica ciudad de Soria, ubicada en la fría y austera región al oeste del río Duero, en España. En las primeras cinco partes del poema el poeta habla de cómo es la ciudad en las diferentes estaciones del año. Más adelante describe la ciudad misma.

ANTONIO MACHADO
Campos de Soria (selección)

1 ¡Soria fría, Soria pura,
  cabeza de Extremadura,
  con su castillo guerrero[1]
  arruinado sobre el Duero;
5 con sus murallas roídas[2]
  y sus casas denegridas[3]!

  ¡Muerta ciudad de señores
  soledades o cazadores;
10 de portales[4] con escudos[5]
  de cien linajes hidalgos[6],
  y de famélicos[7] galgos[8],
  de galgos flacos y agudos,
  que pululan[9]
15 por las sórdidas callejas,
  y a la medianoche ululan[10],
  cuando graznan[11] las cornejas[12]!

  ¡Soria fría! La campana
20 de la Audiencia[13] da la una.
  Soria, ciudad castellana,
  ¡tan bella! bajo la luna.

---

1. relativo a la guerra 2. arruinadas 3. negro 4. puerta principal 5. blasón de un reino, ciudad o familia 6. persona que por su linaje es de clase noble y distinguida 7. hambriento 8. una raza de perro, muy delgado, con el que se corren carreras 9. deambular, pasear 10. aullar 11. sonido del cuervo 12. una especie de cuervo 13. la Corte, el tribunal

Después de leer

19. ¿Entendió? Discuta estas preguntas con otro(a) colega.

a. ¿Cómo sabe el lector que Soria tenía un grado de dignidad e importancia histórica en el pasado?

b. Según el poeta, ¿cómo es la Soria de hoy? ¿Qué adjetivos emplea el poeta para comunicar su impresión de la ciudad?

c. Describa a la gente que vivía en esta ciudad. ¿Qué hicieron con el dinero que consiguieron? Como resultado, ¿cómo se llamaban?

ch. ¿Qué otras imágenes usa el poeta para contrastar la Soria de hoy con la Soria de un pasado ilustre? ¿Qué adjetivos asocia a estas imágenes?

d. A pesar de todo, ¿cómo es Soria para el poeta? ¿Por qué?

20. Análisis de la estructura. Con otro(a) colega, comente las siguientes cuestiones. Luego, compare sus respuestas con las de la clase.

a. Una diferencia básica entre los dos textos es la cualidad lírica del poema en contraste con la narración épica, ambientada en Wenguilé. La articulación clara de las vocales contribuye al lirismo de un poema. Con un(a) colega, lea el poema en voz alta, prestando atención a la organización de las vocales y a cómo contribuyen a conmover al lector.

b. Con un(a) colega escriba una versión en prosa de este poema. ¿Cómo cambia el efecto que produce el texto? ¿Qué texto está más logrado en su opinión? ¿Por qué?

¡A presentarse!

Ahora le toca a usted

A. En ocasiones se necesita describir un lugar por motivos de utilidad. Por ejemplo, un agente de turismo debe comparar y contrastar un lugar con otros lugares para que el cliente esté satisfecho con el viaje propuesto.

Otro profesional que necesita realizar descripciones es el agente de bienes raíces. Con un(a) colega, represente los papeles de agente y cliente. El cliente debe describir la casa o apartamento que quiere, empezando con la comunidad y la localidad, continuando con características particulares de la casa y/o el jardín. Debe dar toda la información que necesita para poder tomar la decisión de comprar la casa.

El agente debe describirle casas que corresponden a las necesidades del oyente (elementos positivos y negativos), comentando también el precio de cada lugar. Incluso si las casas no son realmente tan buenas, el agente debe adoptar una perspectiva positiva en todas las descripciones.

B. Presente sus descripciones a la clase. Se sugiere que incluya los siguientes elementos en la descripción:

1. Por parte del agente

—seleccionar elementos que le van a interesar al cliente

—mostrar entusiasmo y hacer comentarios personales cuando sea apropiado

—elaborar lo que dice el cliente con más detalles

—comparar y contrastar las casas

2. Por parte del cliente

—seleccionar los detalles más importantes que van a influir en la compra de una casa

—describir otras casas que le han gustado

—describir la casa perfecta

—reaccionar de manera apropiada ante las descripciones del agente

—hacer comentarios sobre lo que describe el agente

—insistir en la necesidad de encontrar "su casa perfecta" pronto

PARA MIRAR DE CERCA

Busque otra descripción de un lugar en un periódico o revista hispanos.

Cópiela y estudie las estrategias que utiliza para describir el lugar y evalúe si el autor del artículo o anuncio ha logrado describir el lugar de una manera interesante.

CAPÍTULO 4

¿CÓMO SE ENSEÑA?

LA INSTRUCCIÓN DENTRO DE UN PROGRAMA EDUCATIVO

Todos nos hemos visto en la situación de tener que darle instrucciones a alguien. Una situación típica es la de tener que indicar a una persona cómo llegar a un lugar. Otra función de la instrucción es proveerle un contexto al oyente para que él(ella) entienda mejor un concepto: por ejemplo, si quiero que mi oyente aprecie la música impresionista, es necesario prestarle información sobre el estilo o la época.

A los niños se les puede dar instrucción mediante juegos y canciones.

En este capítulo se estudian estos dos propósitos de la instrucción. Otra meta del capítulo es estudiar las estrategias que un(a) instructor(a) puede usar para interesar al oyente en un tema; por ejemplo, un instructor debe anticiparse a las necesidades de sus oyentes y tener en cuenta lo que éstos desean aprender para facilitar su participación en el proceso del aprendizaje. Otras estrategias importantes de la instrucción son: perifrasear, dar razones, elaborar, sugerir, tomar turnos, mostrar, mandar y resumir. El(la) estudiante tendrá la oportunidad de practicar estas estrategias en actividades en las que se tratan diversos temas.

ANTES DE LEER LA CONVERSACIÓN

1. LA ENSEÑANZA. Piense con la clase en una conversación en que una persona explica algo a otra. ¿Cuáles de las siguientes estrategias se utilizan frecuentemente? Piensen en un contexto específico para cada una.

perifrasear

expresar su propósito

comparar

presentar un contexto

elaborar

LA CONVERSACIÓN

Lea la siguiente selección en la que Sara y Eduardo comentan las propiedades excelentes de la coca.

SARA: El cultivo de la coca es una de las grandes tradiciones de nuestros campesinos.

EDUARDO: En Cuzco y básicamente en Bolivia, el cultivo de la coca, como dice Sara, es muy tradicional. Viene de la época inca. Y la coca es una hoja sagrada para los incas; la asocian con algo místico porque la utilizaban también en ceremonias especiales para pronosticar[1]. Era como una ofrenda, una cuestión ritual. Esto es la coca en Cuzco, y actualmente el cultivo de coca es, yo diría, la caja chica para el campesino, es decir, cotidianamente[2] recurren a la venta de coca para comprar las cosas que necesitan. Otra cosa es el cultivo de la coca en la sierra de la selva norte del país. Allí es clandestino, allí está ligado al narcotráfico. En Cuzco no.

SARA: Digamos que también la coca, aparte de este uso religioso, es como el tabaco del indígena. El campesino tradicionalmente estaba siempre mascando[3], chachando[4], porque es como que adormece un poco, te impide sentir mucha hambre; es como mascar chicle, algo que le entretenga la roedura[5] de estómago que siente.

---

1. prever el futuro, predecir lo que ha de suceder   2. diariamente   3. partiendo los alimentos con la dentadura, masticando   4. sinónimo de mascar   5. vacío, aflicción

EDUARDO: Así es que se ha descubierto que tiene una vitamina o algo así, aparte de que creo que es una excelente medicina; cuando uno tiene dolor de estómago, pues toma la coca. Cuando Uds. vayan a Cuzco, la primera cosa que deben hacer es tomar una masa de coca para evitar el mal de altura. Ahora, el otro asunto es...

SARA: Es que es un analgésico.

EDUARDO: Exactamente, es un analgésico y uno tampoco necesita cita con el dentista...porque masca la coca. En Bolivia se está fabricando una pastilla, no me acuerdo del término exacto, pero es para la diabetes y a base de coca. Es la clorofila de la coca. Tiene excelentes propiedades.

DESPUÉS DE LEER LA CONVERSACIÓN

2. ¿ENTENDIÓ? Con un(a) colega comente las siguientes cuestiones:

a. lo tradicional de la coca

b. lo que significa la coca para el campesino

c. las propiedades curativas de la coca

3. LAS ESTRATEGIAS. En las frases que figuran a continuación, extraídas de la conversación que acaba de leer, ¿cuál es la estrategia de comunicación empleada?

exponer razones

expresar propósitos

elaborar

proveer un contexto

comparar

a. "Y la coca es una hoja sagrada para los Incas, la asocian con algo místico."

b. "Otra cosa es el cultivo de la coca en la sierra de la selva norte."

c. "Es para la diabetes y a base de coca."

ch. "Porque es como que adormece un poco, te impide sentir mucha hambre, es como mascar chicle, algo que le entretenga la roedura de estómago."

4. OPINIONES. Conteste las preguntas que figuran a continuación con un(a) colega.

a. En su opinión, ¿quién domina esta conversación? Razone su respuesta.

b. ¿Cuál sería la audiencia de Eduardo y Sara?

c. ¿Hay ejemplos en el texto donde un participante intenta restar importancia a la contribución del otro? Cite alguno.

En esta conversación se puede observar que, por lo general, los participantes se enfocan en mostrar lo que saben sobre la coca. Eduardo quiere demostrar su superioridad y lo hace tomando más turnos, hablando de la historia y de los diversos usos de la coca (en lugar de mencionar solamente un uso) y restando importancia a los comentarios de Sara.

Ahora vamos a escuchar una selección del programa hispánico *Cocina Crisco*, del canal de televisión hispano Univisión. En esta selección se presenta una comida que se puede preparar durante la celebración de la Pascua.

Cocina Crisco

PRIMERA PARTE

La meta de este programa es establecer una relación íntima entre los instructores y los oyentes para que los éstos se sientan como si estuvieran en su propia casa. Es decir, los oyentes, supuestamente mujeres en su mayor parte, influyen mucho en el estilo del lenguaje empleado en este programa. Se puede observar que hay una relación amistosa entre los participantes de esta conversación.

ANTES DE ESCUCHAR

5. LAS RELACIONES INTERPERSONALES Y LA ENSEÑANZA. En la docencia es importante que los participantes se traten como colegas. El instructor, por ejemplo, debe mostrarse interesado en las ideas, los comentarios y las sugerencias de sus oyentes. Si dos o más personas enseñan una materia juntas, cada instructor debe afirmar y apoyar las ideas de su colega; no debe asumir nunca una postura de superioridad que reste importancia a la contribución del otro. Con un(a) colega, comente las estrategias que esperan encontrar en un contexto docente en el que el instructor y los alumnos mantengan buenas relaciones interpersonales:

anticipar

exponer razones

sugerir

seleccionar detalles

responder

tomar turnos

elaborar

crear interés

Después, con un(a) colega, piense en un contexto docente específico que demuestre cada estrategia seleccionada.

6. ANTICIPAR LAS NECESIDADES DEL OYENTE. El instructor siempre debe tener en cuenta cuáles son los intereses y propósitos de los oyentes. En un programa de cocina, por ejemplo, los oyentes quieren recetas fáciles, interesantes, y quizás quieran obtener alguna información sobre la historia de la cocina. Esto influye en el contenido del programa. Con un(a) colega, piense en varios de los propósitos que puede tener la audiencia de un programa que trate sobre los siguientes tópicos. Después, comenten la posible influencia de estos propósitos sobre el contenido de la instrucción.

a. las computadoras

b. la lengua española

c. la aviación

ch. la horticultura

7. RESPONDER A LAS IDEAS DEL OYENTE. Un instructor que habla durante toda la clase sin tomar en cuenta las ideas, los comentarios y las sugerencias de sus oyentes, corre el riesgo de que éstos no sigan el hilo de la clase y no participen. Con un(a) colega, represente los papeles de maestro y estudiante.

El estudiante debe expresar sus ideas sobre una materia y el profesor debe presentar un resumen de lo que va a enseñar, tomando en cuenta las sugerencias de su alumno.

8. **CREAR INTERÉS.** También es importante que el instructor muestre cierto entusiasmo hacia la materia que enseña. Si no, es dudoso que a los estudiantes les interese. Con un(a) colega, piense en una materia que les interese y explique por qué le interesa enseñar esta materia a su colega.

En la primera parte del programa *Cocina Crisco* que va a escuchar se pueden observar varias maneras en que un instructor establece una relación interpersonal con un oyente. El instructor presenta al oyente un bosquejo de la materia para que éste entienda mejor el enfoque de la instrucción.

Además, el instructor amplía el tema con detalles para lograr la participación del oyente.

9. **LA IMPORTANCIA DEL OYENTE EN LA INSTRUCCIÓN.** Previamente a escuchar la grabación del programa de cocina, lea estas preguntas sobre el contenido del mismo:

a. ¿Cómo se anticipa Laura a las necesidades de su audiencia?

b. ¿Cómo responde Laura a las ideas y comentarios de su audiencia?

c. ¿Qué hace Laura para que el oyente participe en el programa?

ESCUCHAR

Escuche ahora esta primera parte del programa *Cocina Crisco,* en el que aprenderá a cocinar el delicioso caldo tlalpeño y tome notas sobre las preguntas anteriores.

Después de escuchar esta primera parte del programa, conteste con su colega las preguntas de la Actividad 9 y compruebe cuánto ha captado.

Ahora, enséñele a su colega cómo cambiaría la instrucción de este programa de cocina si los oyentes fueran estudiantes universitarios. ¿Presentaría las mismas recetas? ¿Habría invitado a Luis López? ¿Habría tres instructores o solamente uno? ¿Se presentaría el mismo tipo de información?

10. LA SELECCIÓN DE DETALLES PARA HACER PARTICIPAR AL OYENTE.
Escuche la primera parte por segunda vez y conteste las siguientes preguntas.

a. ¿De dónde viene el caldo tlalpeño? Describa el lugar dando dos o tres detalles.

b. Describa la sopa, añadiendo por lo menos dos detalles para que la descripción sea más clara.

Ahora, comente con un(a) colega si les pareció interesante su descripción y por qué. Recuerde que la audiencia de este programa está formada principalmente por mujeres. ¿Cree que esta información sería interesante para este tipo de público? Razone su respuesta.

11. LA ELABORACIÓN.
Se puede definir la elaboración como la acción de especificar un concepto general. Al especificar el instructor un concepto puede aclarar ideas difíciles y conseguir mayor participación por parte del oyente. Escuche la cinta por tercera vez y, junto con un(a) colega, anote lo que dicen los participantes para elaborar los siguientes tópicos:

a. los ingredientes del caldo

b. Tlalpan

c. versiones del caldo

Observe que los hablantes usan cláusulas adjetivales para ampliar información sobre las personas, lugares o cosas. Por ejemplo, "que se llama Tlapan", y "que se sirve…". También se puede elaborar la información, ampliándola con frases preposicionales como "a la orilla de la carretera" o "de las afueras de la ciudad". Con un(a) colega, use estas estructuras para practicar la estrategia de la elaboración con respecto a los siguientes conceptos (seleccione un tópico con el que esté familiarizado(a)):

a. cómo entender el fútbol americano

b. cómo decorar la casa con un bajo presupuesto

c. cómo pasar los exámenes con éxito

ch. otro

Después de escuchar

12. Cómo dar instrucciones sobre el origen de una cosa.

Imagine que Ud. y su colega van a dar una charla sobre la vainilla. Una persona hablará sobre el origen y utilidad de esta especia y la otra persona hablará sobre la historia de su cultivo. Lea el siguiente texto y seleccione la información que considere más importante e interesante. Elabore la información para aclarar conceptos.

Planta de vainilla

La transformación de la delgada e insignificante vaina[1] de una orquídea selvática en una fuerte y embriagadora[2] especia es uno de los grandes trucos de prestidigitación[3] del arte culinario. Aún más notable es el hecho de que el proceso de transformar la enjuta[4] vaina verde en la aromática vainilla fue desarrollado por los indígenas mucho antes de que los europeos salieran de la Edad Media.

---

1. túnica o cáscara tierna y larga en que están encerradas algunas simientes   2. que causa placer   3. arte de hacer juegos (magia)   4. delgada, flaca

Mientras cuelgan en la base de densas matas de orquídeas, las vainas, en su estado natural, tienen muy pocos vestigios de su familiar aroma y guardan muy poco parecido con las húmedas y perfumadas vainas que se venden en los mercados. Es preciso someterlas a un complicado tratamiento para que produzcan el dulce aroma que todos conocemos.

Quizá los indios totonacanos o algún otro grupo que precedió a los aztecas en la región costera occidental de México desarrollaron el método siglos antes del viaje de los europeos. Nadie lo sabe a ciencia cierta. Los recolectores tribales transformaban las vainas sin gusto ni olor curándolas sobre mantas extendidas todos los días bajo el sol tropical y luego arrollando[5] las mantas durante las noches o en los días oscuros y húmedos para retener el calor concentrado en las vainas. El proceso se repite durante alrededor de 20 días, desenrollando[6] diariamente las mantas y haciendo que las vainas se oscurezcan y se modifiquen lentamente mientras se cocinan al sol. Cuando su color adquiere tonos de marrón y negro y su piel se ablanda y se arruga, las vainas se sacan de las mantas y se dejan secar lentamente durante varios meses.

En este proceso, el calor libera las enzimas de la vainillina, el principal componente que da el sabor a la vaina. A medida que maduran y se oscurecen se vuelven más aromáticas y desarrollan una capa blanca de cristales de vainillina.

La vainilla proviene de Tuxpan y Papantla, en la región montañosa septentrional del estado. Quizá desde 6.000 años antes de Jesucristo, las tribus indígenas recogían las vainas de la orquídea llamada ahora *Vainilla planifolia*, domesticándola. En la actualidad, los descendientes de las tribus nativas continúan cultivando las vainas.

La vainilla se utiliza casi exclusivamente como ingrediente que confiere sabor a postres, helados y bebidas. El exceso de vainilla absorbe todos los demás sabores, y sólo unos pocos chefs atrevidos la emplean en platos principales. En las Américas, la vainilla engalana[7] muchos flanes y natillas[8]. Esta receta de natilla proviene de Veracruz, la región originaria de la vainilla.

---

5. envolver una cosa de manera que forme un rollo   6. lo opuesto de enrollar   7. que adorna una cosa   8. dulce que se hace con yemas de huevo, leche y azúcar

Natilla con Vainilla

1 1/2 cuartos de galón de leche

1 vainilla entera

2 cucharadas de extracto de vainilla

8 yemas de huevo

1 1/2 tazas de azúcar

1/4 de taza de maicena

2 cucharadas de mantequilla derretida

canela fresca molida

En una cacerola pesada, caliente la leche, la vainilla y el extracto de vainilla hasta que hiervan. Bata el azúcar y las yemas de huevo en un bol hasta que estén bien mezclados y espesos. Agregue la mezcla caliente y vierta la mezcla en una cacerola, dejándola cocer a fuego lento revolviendo constantemente. Cocine hasta que esté a punto de hervir y agregue la mantequilla. Quítela del fuego, revuelva y déjela enfriar hasta que se forme una leve capa. Quite la capa y vierta la mezcla en 6 u 8 copas o platos. Enfríelas durante dos horas por lo menos antes de servir. Rocíelas con canela y sírvalas.

Cocina Crisco (continuación)

Segunda Parte

Mientras la primera parte de la conversación se enfocó sobre cómo establecer relaciones interpersonales entre hablantes y oyentes y cómo proveer un contexto para hablar sobre una receta, la segunda parte de este programa se enfoca en cómo hacer algo. En lugar de expresar mandatos directos, se enseña cómo hacer el caldo tlalpeño en una manera indirecta, usando las estrategias de mostrar al público el proceso y elaborar la información.

ANTES DE ESCUCHAR

13. MOSTRAR. Una estrategia para enseñar algo indirectamente es mostrar lo que se enseña. De esta manera, en lugar de decir "Quítese la cáscara antes de cocinarlo" se dice "Ahora estoy quitando la cáscara". El oyente no se siente forzado a seguir la instrucción. Puede observar al experto y aprender indirectamente. Ahora, enséñele a un(a) colega uno de estos temas de una manera indirecta, explicando el proceso mientras hace la demostración.

a. cómo conseguir un empleo

b. cómo formar buenas amistades

c. cómo escribir buenas redacciones

ch. cómo entender a un autor contemporáneo hispánico

14. ELABORAR LAS RESPUESTAS DEL OTRO. Otra manera de enseñar indirectamente es elaborar los comentarios de las demás personas. Por ejemplo, si un participante de una conversación califica los textos surrealistas como "espacios de conciencia", el instructor puede elaborar esta respuesta diciendo: "Sí, hay un rechazo de la lógica pura en estos textos, un rechazo del racionalismo". De este modo, el instructor enfatiza ciertos puntos mientras que al mismo tiempo establece conexiones entre sus ideas y las ideas de su interlocutor. Con un(a) colega, piense en un tópico que ambos conozcan. Una persona debe informar a su colega sobre este tópico, seleccionando detalles interesantes. La otra persona debe elaborar las afirmaciones que hace su colega.

ESCUCHAR

Escuche ahora la segunda parte del programa *Cocina Crisco*.

15. LA ENSEÑANZA INDIRECTA. Con la clase, comente ejemplos de las estrategias de mostrar y elaborar que se usan en esta segunda parte de la cinta para enseñar indirectamente la manera de hacer algo.

16. **Tomar turnos.** Para mantener buenas relaciones interpersonales entre el instructor y el oyente es importante que todos los asistentes tengan la oportunidad de participar en la conversación. Escuche la cinta por segunda vez y tome nota de lo que Luis López dice sobre el estilo clásico y sobre el proceso de adquirir una antigüedad. Después, converse con su colega sobre otros estilos de arte que conozca y otros procedimientos que puedan ser importantes en la compra de una antigüedad.

Después de escuchar

17. **Resumir.** También es importante que el instructor resuma los puntos principales del tema. Con un(a) colega, prepare un resumen de los ingredientes y procedimientos para hacer el caldo.

Desarrollar

18. **Exponer razones para enseñar una materia.** A veces un instructor está tan centrado en la materia que enseña que se olvida de explicar a sus oyentes por qué la está enseñando. Al explicar las razones y los propósitos del estudio de una materia el instructor puede motivar a los oyentes a participar. Seleccione uno de los tópicos que figuran a continuación y comente a un(a) colega las razones intelectuales y afectivas por las que le es interesante estudiar estas materias.

a. el surrealismo
b. la sicología criminal
c. los idiomas extranjeros
ch. la música jazz
d. la historia americana
e. otro

19. **Convencer.** Hay un paralelismo entre enseñar y convencer. En ocasiones el oyente no quiere prestar atención a la instrucción porque no le parece útil. En esta situación el instructor tiene que persuadirlo de los beneficios que obtendrá del estudio de la materia. Lea la siguiente selección y háblele a un(a) colega sobre uno de los siguientes temas, explicando las ventajas de estudiarlo.

a. la comida naturista
b. la medicina naturista versus la medicina tradicional

¿Cómo se enseña?

Monserrat Santamaría
Medicina naturista

La medicina naturista es una ciencia que cura usando exclusivamente medios naturales; esto es, no recurre a medicamentos preparados sintéticamente en laboratorios. No es, como pudiera pensarse, una medicina primitiva, aplicada en forma caprichosa por personas que tienen escasos conocimientos médicos. Por el contrario, una gran parte de los médicos naturistas autorizados son graduados en universidades. Muchos de ellos tienen título de médico cirujano; pero, por convicción propia, decidieron ejercer la medicina naturista, en lugar de la tradicional.

Muchos otros hicieron estudios de medicina, sin llegar a titularse, pero se inclinaron por la terapéutica natural y complementaron sus estudios, encaminados hacia esta especialidad. Todos los médicos naturistas han hecho extensos estudios sobre los efectos curativos que tienen las plantas y las frutas en el ser humano.

¿Cuáles son las diferencias entre la medicina naturista y la tradicional?

Un médico naturista no le expide recetas de medicamentos que usted pueda adquirir en la farmacia. Cura la mayor parte de las enfermedades a base de dietas de frutas y vegetales, complementadas con tés de hierbas medicinales. Desde luego, no es una medicina milagrosa, ni logra el mismo éxito en todos los pacientes. Como todas las demás técnicas curativas —incluyendo las más avanzadas— tiene sus limitaciones y fracasos. Pero para muchas personas —millones de ellas en el mundo, puesto que la medicina naturista se practica en todos los países de la Tierra— es la solución más viable para sus problemas de salud.

Ofrece como ventaja sobre la medicina convencional el que no produce efectos secundarios, ni daña otros órganos mientras cura los que están enfermos. Se trata siempre de tratamientos benignos, ideales para personas que son muy sensibles y presentan reacciones fuertes ante muchas sustancias químicas producidas sintéticamente. Además, la medicina naturista suele ser más barata, no tanto en honorarios médicos, como en costo de medicamentos.

Antecedentes de la medicina naturista

Curar con hierbas y alimentos naturales es casi tan antiguo como la humanidad misma. En todas las culturas primitivas aun las que

> **Este tipo de medicina, considerada realmente la "madre" de la moderna ciencia médica, ha continuado desarrollándose a través del tiempo y es en la actualidad una alternativa a la que recurren millones de pacientes en el mundo.**

subsisten en la actualidad en algunos lugares remotos del planeta, el brujo de la tribu era también el curandero. Y su recurso más efectivos para tratar las enfermedades era el uso de hierbas, cuyo empleo en cada caso era guardado en el mayor secreto y revelado sólo a unos cuantos elegidos.

Con el transcurso del tiempo, en los principales países del mundo se hicieron estudios de hierbas y sus aplicaciones terapéuticas; se publicaron tratados muy completos sobre las mismas.

Las culturas azteca y maya, por ejemplo, ya habían hecho grandes avances en el estudio y aplicación de las plantas medicinales cuando los españoles y otros europeos llegaron a nuestro continente. De hecho, algunos de los tratados más avanzados sobre herbolaria se publicaron en Europa en los años subsecuentes al descubrimiento de América. Estos contenían información que los conquistadores habían recabado de nuestros médicos herbolarios.

Al principio, los herbolarios, que conocían por tradición oral las propiedades de las plantas, continuaron usando las hierbas en su forma natural; en tanto que la medicina convencional empezó a experimentar con sustancias químicas, muchas de ellas extraídas de las mismas plantas que usaban los herbolarios, para la preparación de medicamentos.

De hecho, por varios siglos muchos médicos combinaron el uso de hierbas con el de medicamentos químicos y hasta fecha reciente, enviaban recetas para ser preparadas en las farmacias, en las que mezclaban extractos de plantas y otros elementos naturales.

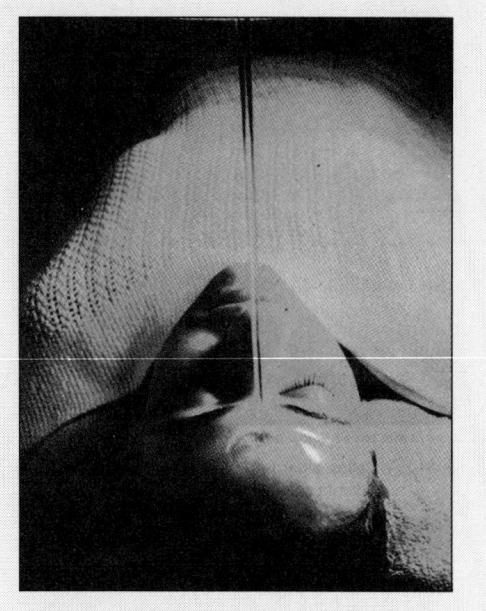

La medicina naturista nos muestra la relación entre la naturaleza y nuestro cuerpo. Es un método de cura antiquísimo.

LOS AVANCES DE LA MEDICINA NATURISTA

Esta disciplina, a pesar de su origen primitivo, no se ha substraído a la influencia del progreso y al avance de todas las ciencias. Y hoy en día, constituye una buena alternativa.

Muchos de los que la han practicado a través del tiempo, realizan estudios, investigaciones y experimentos que han enriquecido su caudal de conocimientos. Hay numerosos tratados —incluyendo algunos muy modernos— que describen todas las propiedades terapéuticas de cuanta planta se conoce y sirven de orientación a los médicos naturistas actuales.

Estos últimos, en algunas ocasiones, recurren a otras medicinas alternativas, como homeopatía, iridología y digitopuntura, como complemento de los tratamientos estrictamente naturistas. Sin embargo, en la mayor parte de los casos, la terapéutica que da un médico naturista consiste en lo siguiente:

a) Una dieta específica, que puede ser por un plazo corto o extenso, dependiendo de la enfermedad, en la que predominan las frutas y vegetales recomendables para aliviar el mal que se está tratando. Muchos recomiendan una dieta vegetariana para toda la vida, ya que una de las teorías de la medicina naturista es que las carnes, especialmente las rojas, son fuente de toxinas y otros elementos dañinos para el organismo.

b) Ingestión de tés medicinales y de jarabes hechos con hierbas que los propios médicos preparan. Algunos terapeutas dan recetas con combinaciones que preparan las farmacias especializadas en medicina naturista.

En la actualidad, hay en toda la República Mexicana numerosos establecimientos naturistas, donde se encuentran alimentos tales como, hierbas, tés contra muchos males, complementos alimenticios de tipo natural, así como libros y revistas que explican en qué consiste la medicina naturista.

En la medicina tradicional, no es recomendable automedicarse sólo porque el empaque dice que sirve para los males que pensamos tener. Es siempre necesario ver a un médico para que él prescriba el tipo de combinación de dieta y hierbas medicinales, así como la dosis que sea más recomendable según el estado general del paciente.

ALIMENTOS FAVORECIDOS POR LA MEDICINA NATURISTA DEBIDO A SUS PROPIEDADES CURATIVAS

Ajo	Cebolla
Limón	Miel de abeja
Apio	Betabel
Pepino	Guayaba
Mango	Papaya
Plátano	Germen de trigo
Frutas secas	Vinagre
Amaranto	y muchos más.

Hay en el mercado numerosos libros naturistas que ofrecen una descripción exacta de las propiedades de cada uno de estos alimentos y de muchos otros. En cuanto a las hierbas medicinales, son tantas que ocupan volúmenes enteros sólo manejados por los médicos especialistas. Los libros y revistas naturistas pueden darle orientación sobre las propiedades de muchos alimentos de la naturaleza, pero nunca podrán sustituir la opinión de un buen médico.

20. MÁS SOBRE LA ELABORACIÓN. Hemos visto que la finalidad de la estrategia de la elaboración es aclarar conceptos al oyente. La elaboración de un tema puede consistir en presentar descripciones, como se vio en el programa de cocina, o en ofrecer ejemplos que ilustren un concepto abstracto. Imagine que está en una clase de literatura. Su colega no tiene claro tres de los conceptos que figuran a continuación y Ud. debe explicárselos, ilustrándolos con ejemplos extraídos de un cuento o una película hispana.

a. el tema

b. el estilo

c. el argumento

ch. el comentario

d. la escena

e. el punto culminante

f. el desenlace

g. el conflicto

h. el tono

i. el desarrollo

21. PERIFRASEAR. En ocasiones conviene expresar una idea en otros términos, no solamente porque no recuerda el término exacto, sino también porque puede expresarlo de una manera más concreta y más fácil de entender. Háblele a un(a) colega sobre uno de los conceptos que figuran a continuación, expresándolo de una manera más clara y concreta.

a. la eutanasia

b. el multiculturalismo

c. la inteligencia artificial

ch. el sensacionalismo

d. la irresponsabilidad

22. LA INSTRUCCIÓN DE ESTILO DIRECTO. Además de usar la instrucción en el estudio de una materia, también se usa para dar recomendaciones en situaciones de emergencia. En esta situación se usa el estilo directo, debido a la urgencia del mensaje. Indíquele a un(a) colega las medidas que debe tomar en una de las siguientes situaciones. Exprese las instrucciones en estilo directo.

a. un terremoto

b. un ciclón

c. una inundación

ch. una epidemia

d. un huracán

e. un accidente aéreo

23. DAR CRITERIOS. En la instrucción formal también es importante que el instructor evalúe el progreso de sus estudiantes. Trabaje con un(a) colega; representen los papeles de profesor y estudiante. Imaginen que un estudiante acaba de hacer un examen oral y el profesor le dice cuál es la nota de su examen y por qué. De todas las razones que figuran a continuación, ¿cuáles le parecen más importantes? Explíquele su perspectiva a este(a) estudiante.

Después, intercambien papeles.

a. apoyar su opinión con argumentos lógicos

b. contestar/solicitar preguntas de una manera apropiada

c. apoyar sus opiniones con las opiniones de los expertos

ch. ofrecer soluciones a los problemas presentados

d. vocabulario preciso

e. fluidez en el lenguaje

f. gramática correcta

Expansión

Lea la siguiente selección que trata sobre la importancia de la fibra en la dieta humana.

Antes de leer

24. LA NUTRICIÓN. Con un(a) colega, comente lo que sabe de los temas que figuran a continuación:

a. los problemas de salud por resultado del refinamiento de los alimentos

b. los productos ricos en fibra

c. las ventajas de la fibra para la salud

Lectura

ERNESTO TORRES LANDA
La importancia de las fibras

Legumbres, hortalizas y otros vegetales contienen la cantidad de fibras que nuestro organismo requiere.

No cabe duda que es maravilloso vivir en un mundo civilizado. Y sin embargo, el progreso también tiene su precio y todos lo pagamos en mayor o menor grado, casi siempre con años de vida, salud y calidad de vida.

Entre los problemas que el progreso y la avanzada tecnología nos han traído, y que influyen en forma directa en nuestra salud, se encuentra el refinamiento de los alimentos.

El organismo humano no fue diseñado, como veremos más adelante, para los alimentos superprocesados que consumimos la mayor parte. Y la consecuencia de ello es que han surgido numerosas enfermedades como protesta de nuestro cuerpo por la forma antinatural en que comemos. Le damos muchos almidones[1] y azúcares refinados, que el organismo no puede digerir[2] adecuadamente y le negamos la fibra contenida en alimentos naturales no procesados.

Pero, vayamos por partes.

¿QUÉ ES EXACTAMENTE LA FIBRA? ¿CUÁNTOS TIPOS DE FIBRA HAY?

El término "fibra" se aplica a un grupo de carbohidratos complejos, que pasan por el aparato digestivo sin que sean desmenuzados[3] por las enzimas. Estas sustancias se encuentran únicamente en los alimentos vegetales.

Hay varios tipos de fibra. Los principales son: la celulosa, contenida sobre todo en el salvado[4]; la pectina[5] que tiene la cualidad de convertir muchos alimentos en jalea que el organismo absorbe y digiere con facilidad; la goma[6], es una fibra pegajosa que se adhiere a los alimentos, facilitando su paso por el tracto digestivo. Están también la lignina y la hemicelulosa, éstas son menos abundantes en los alimentos que consumimos regularmente.

La carne y los productos lácteos no contienen nada de fibra. El que algunos de ellos sean duros, correosos y difíciles de masticar no significa que tengan "fibra". Y si se comen, al llegar al aparato digestivo serán desmenuzados por los jugos gástricos y las enzimas.

¿POR QUÉ SON ANTINATURALES LOS ALIMENTOS REFINADOS?

En los alimentos enteros de carbohidratos no procesados (la fibra proviene de las paredes celulares de las plantas), cada célula que contiene almidón está rodeada de una cubierta de fibra. El organismo humano no tiene problemas para aceptar los carbohidratos en esa forma natural. Sin embargo, en el proceso de elaboración moderno de las fibras, las paredes de la célula son rotas y el interior de almidón queda al descubierto.

> **Todos hemos oído hablar de lo buena que es la fibra para la salud. Sabemos que reduce el colesterol, cura el estreñimiento, satisface el apetito, no contiene calorías y ayuda a prevenir muchas enfermedades, inclusive el cáncer. Pero, ¿qué hay de verdad en todo esto? ¿Qué es la fibra, qué alimentos la contienen y qué efectos reales tiene en el organismo?**

---

1. fécula blanca que se encuentra en las semillas y raíces de varias plantas   2. transformar el aparato digestivo los alimentos en substancias apropiadas para la nutrición   3. deshacer una cosa, dividiéndola en partes menudas   4. cáscara del grano   5. substancia contenida en los frutos   6. substancia viscosa que fluye de diversos vegetales y que, disuelta en agua, sirve para pegar

Capítulo 4

Esto es, se quita a la célula su capa protectora de fibra y se dejan desnudos los carbohidratos. En este sentido, nuestro aparato digestivo no es capaz de digerir a los carbohidratos desnudos, simplemente porque en la naturaleza el almidón nunca se encuentra al descubierto.

De ahí que el consumir carbohidratos refinados por la industria alimenticia moderna sea una forma antinatural de comer.

Efectos benéficos de la fibra sobre la salud humana

Contra el estreñimiento. Todas las fibras, pero especialmente la celulosa, forman un bolo al que se incorporan los residuos de muchos otros alimentos. Este bolo estimula los movimientos intestinales, que culminan en la evacuación. Por cierto, este movimiento regular tal vez explica el porqué las personas que consumen mucha fibra, por años enteros, nunca sufren de cáncer en el colon o en el recto. En la actualidad se hacen estudios para buscar la explicación y la confirmación científica de este fenómeno.

Contra el colesterol. Durante las investigaciones realizadas sobre las propiedades de las fibras se descubrió que una de ellas parece ser la de disminuir el llamado colesterol malo, o sea, la grasa que se adhiere a las paredes de las arterias y las obstruye impidiendo la fluidez de la sangre por todo el torrente circulatorio. En cambio, no afecta al colesterol bueno, que es de alta densidad y no tiene ese efecto.

Una de las fibras más efectivas en la lucha contra el colesterol es el salvado de avena[7], que contiene gran proporción de gomas solubles en agua, que disminuyen los niveles de colesterol en forma asombrosa.

Las fibras como la pectina y el salvado de avena son solubles en agua y forman en el intestino una jalea que atrapa los ácidos de la bilis, impidiendo que sean reabsorbidos por la sangre. Esos ácidos biliares son los que transforman las grasas en colesterol.

Lo maravilloso del salvado

Entre los alimentos ricos en fibra está el salvado de trigo, que puede comerse en muchas formas como pan integral, en panecillos de salvado, cereal (para el desayuno), sopas, galletas, etc.

Salvado se dice en inglés "bran", así que busque los cereales que contienen esta palabra. Y en las tiendas naturistas puede encontrar el salvado en numerosas presentaciones así como en varios alimentos.

El salvado es una forma de fibra altamente concentrada. Tiene aproximadamente un 12% de fibra cruda, lo cual es alrededor de cinco veces la cantidad que hay en el trigo entero.

Otra ventaja del salvado sobre otras fuentes de fibra como las nueces, las frutas secas y el pan, es que las calorías (y otros nutrientes) del salvado se absorben únicamente en muy pequeña cantidad. De hecho, el salvado puede ser una valiosa ayuda para reducir de peso, porque contribuye con muy

---

7. planta que sirve como alimento para la caballería y otros animales

pocas calorías, por no decir ninguna, en tanto que ayuda al estómago a sentirse lleno. Unos 20 gr de salvado ocupan en el estómago el espacio que ocuparían 200 ó 300 gr. de otros alimentos.

CÓMO CONSUMIR MÁS FIBRA

Una forma simple de aumentar el consumo de fibras es hacer los pequeños siguientes cambios en la alimentación:

—Compre pan integral en lugar de pan blanco.

—Ponga en su mesa, en lugar de bizcochos, panecillos y galletas de salvado. Especialmente recomendables son las galletas de salvado de avena, que puede comprar en las tiendas naturistas o hacer en su propia casa.

—Consuma frijoles, tan populares y familiares en México, y sustituya de vez en cuando la carne con ellos.

—Coma frutas con cáscara, como manzanas, peras y duraznos. No las pele. La fibra está precisamente en la cáscara.

—Coma todos los días cuando menos dos raciones de verduras, una de ellas de verduras crudas y la otra de verduras levemente cocidas al vapor.

—Incluya cereales de salvado en el desayuno, en lugar de pan.

—Coma arroz con frecuencia, sobre todo arroz integral.

—Agregue a sus sopas cereales como cebada[8], tapioca, soya o germinado de soya.

—Haga sus caldos más ricos con garbanzos.

CONTENIDO DE FIBRA DE ALGUNOS ALIMENTOS

Ricos en fibra	Contenido moderado de fibra	Contenido limitado de fibra
Salvado y sus derivados	Palomitas de maíz	Pan blanco
Cereales integrales	Avena	Lechuga
Frijol, lenteja, haba y garbanzos	Pastas de sopa	Uvas con cáscara
Ciruelas pasas	Pasas arroz	Apio al gusto
Salvado de avena	Ciruelas pasas	Berenjenas
	Chícharos, elotes	Calabacitas
	Zanahoria, bróculi	Sandía
	Papas con cáscara	Pepinos
	Manzanas, peras, Naranjas y duraznos	
	Nueces	

---

8. planta parecida al trigo que también sirve como alimento para caballería

—Prepare sopas y otros platillos con habas y lentejas.
—Coma frutas secas como postre, en lugar de pasteles y otros dulces.
—Compre salvado de avena y aprenda a utilizarlo en muchos de sus platillos.
—Cuando compre alimentos preparados, busque en los envases aquellos que tengan un alto contenido de fibra.
—Cocine y coma las papas, ya sea hervidas o asadas, con todo y cáscara.
—Coma palomitas de maíz (de preferencia sin mantequilla).

LA FIBRA TAMBIÉN ES IDEAL PARA LAS PERSONAS QUE QUIEREN BAJAR DE PESO

El aumento de los alimentos ricos en fibra debe ser gradual, ya que en algunos casos produce diarrea. Para las personas de más de 65 años, es muy recomendable que consulten a su médico antes de lanzarse a una dieta rica en fibra.

Por otra parte, para las personas que están a dieta el consumo de fibra es altamente recomendable, porque no sólo contribuye a una mejor digestión y a una mejor eliminación de desechos, sino que produce una sensación de satisfacción que ayuda a mantenerse dentro de un consumo limitado de calorías, sin sentir hambre. Ya hemos visto que la fibra es un carbohidrato de muy bajas calorías.

Es muy recomendable que al aumentar el consumo de fibra se aumente también la ingestión de líquidos.
El agua intensifica los efectos de la fibra en el aparato digestivo.

EL RÉGIMEN IDEAL

Para lograr consumir la cantidad recomendada de fibra, su dieta debe incluir: 3 porciones diarias de pan integral (2 rebanadas en cada comida), 1 ó 2 porciones de panecillos o cereal de salvado (3/4 de taza); 3 porciones de vegetales crudos al vapor (de 1/2 taza a 3/4 de taza); 1 porción de leguminosas (frijoles, garbanzos, habas o lentejas) y 2 ó 3 piezas de fruta fresca.

DESPUÉS DE LEER

25. ¿ENTENDIÓ? Conteste las siguientes preguntas:

a. Explique por qué son antinaturales los alimentos refinados. Amplíe la información con dos o tres detalles.

b. Enumere dos ventajas del salvado.

c. Imagine que está aconsejando a un(a) amigo(a) que coma más fibra, pero él/ella teme engordar en el proceso. ¿Qué tipo de fibra debe comer? Ayúdese con la información obtenida en la lectura.

ch. ¿Se puede comparar este artículo con otros textos estudiados en este capítulo? Explique con cuáles y por qué.

d. Con su colega, comente cómo cambiaría este artículo si fuera presentado en forma oral en vez de forma escrita.

¡A PRESENTARSE!

AHORA LE TOCA A USTED

En el baloncesto, dos equipos compiten para hacer pasar el balón a través de una red suspendida en lo alto. ¿Podría contar Ud. algo más sobre las reglas de este deporte?

A. A continuación va a presentar un programa educativo sobre un tema que conoce bien. Primero, el(la) profesor(a) va a escribir en la pizarra todos los temas que les interesan a los estudiantes y el número de personas interesadas en ellos. Puede ser un deporte, un estilo de música, etc.

Después, cada alumno debe seleccionar el tema sobre el cual tenga más información y debe reunirse con una persona que desee saber más sobre dicho tema.

B. El experto debe incluir los siguientes elementos en su instrucción:

1. proveer un contexto

2. elaborar el tema presentando argumentos o ejemplos y explicar por qué es importante

3. perifrasear

4. crear interés en el tópico
5. anticipar lo que el oyente quiere saber
6. seleccionar detalles interesantes
7. enseñar indirectamente la materia
8. explicar los beneficios de la instrucción
9. resumir los puntos principales

Para mirar de cerca

Busque en la televisión hispánica otro programa educativo. Prepare un informe para la clase que analice el tema que se presenta, la meta de la instrucción y las estrategias que se usan para crear interés y clarificar el tema.

CAPÍTULO 5

¡A INFORMARSE! LAS NOTICIAS

CÓMO INFORMAR DE LOS HECHOS

Los reportajes de los noticieros están estructurados de tal manera que el oyente pueda procesar la información. En muchos reportajes hay dos "voces": a) una que cuenta de segunda mano lo que ha informado otra persona y b) otra que cuenta directamente lo que pasó.

El reportero, aunque intenta generalmente ser objetivo, siempre presenta los hechos desde una perspectiva particular, revelando así su actitud hacia el evento. En esta lección vamos a examinar diversas perspectivas que se pueden tomar al presentar los hechos.

En los últimos años, las manifestaciones se han convertido en uno de los temas más comentados en los medios de información.

En resumen, en este capítulo nos concentraremos en la función de informar sobre los hechos en el contexto de un noticiero, usando las estrategias de incluir diferentes voces y perspectivas.

ANTES DE LEER LA CONVERSACIÓN

1. LOS EVENTOS. A menudo les contamos a nuestros amigos y familiares las cosas que nos han pasado o que les han pasado a otras personas. Pídale a un(a) colega que le cuente a usted un evento que le haya pasado recientemente. Después de escucharlo, piense en lo siguiente: ¿Qué detalles incluyó? ¿Le contó la historia con mucha emoción?

Ahora va a leer una descripción informal de algo que le sucedió a una anciana de México, quien cuenta cómo una noche entraron ladrones en su casa.

LA CONVERSACIÓN

Lea esta historia de la anciana, que le cuenta a su nieta este recuerdo del pasado.

NIETA: ¿Y en esa misma casa fue [...] lo del policía?

ANCIANA: No.

NIETA: ¿No?

ANCIANA: No, no.

NIETA: Eso, platícanos[1], lo del policía.

ANCIANA: ¿Lo del policía? ¡Uh!...eso fue [...] anterior. Vivíamos en la plazuela que se llama hoy de la Concepción también entonces. Y...la casa tenía unos balcones para la calle [...] bajos [...]. Mi mamacita se fue al teatro, y dejó como seguridad en la casa a un primo con su esposa. A su llegada va viendo que el balcón estaba...

NIETA: ...forzado.

ANCIANA: ...forcejado, que lo habían querido abrir. Entra, y se va dando cuenta de que efectivamente había allí...quien quería entrar. [...] Mi mamacita gritó; tomó un silbato[2] para llamar a la policía, y en eso...grita al primo, el nombre de él: "¡Fulano, fulano, levántate! ¡Ladrones, ladrones!". Precisamente en los pies de la cama donde dormían los primos, estaban unas tablas[3], y ellos, al pararse violentamente, se tiran las tablas encima de la cama, encima de ellos. Enseguida, ya con ese motivo, llegó la policía, entró y...había un espejo en un ropero[4] grande, de bulto entero, y al entrar el policía [...] se ve en el espejo, pero como era de noche, y no se dio cuenta, le saluda al policía diciéndole: "Buenas noches, compañero". Y así es que todo esto —como tú comprenderás— [...] después de que ya pasó el susto, era una risa tremenda, por lo [...] que le había pasado a los primos con las tablas, por lo del...policía, que le saludó al espejo, creyéndose que era su compañero. Y...así es que fue [...] —ya después del momento del susto— una gran risa, y celebrar lo de los rateros[5], que gracias a Dios no tuvo mayores consecuencias.

(de *El habla culta de la Ciudad de México: Materiales para su estudio,* pp. 123-124)

---

1. háblanos   2. pito   3. pedazos de madera cortados   4. armario   5. ladrones

Después de leer la conversación

2. VOCABULARIO. Con un(a) colega, diga las siguientes expresiones en cursiva de otra manera, usando sinónimos:

a. Mi mamá *tomó un silbato* para llamar a la policía.

b. Había un espejo en *un ropero grande, de bulto entero.*

c. Después del momento del susto, fue una gran risa, y *celebramos lo de los rateros,* que gracias a Dios *no tuvo mayores consecuencias.*

En la conversación anterior, la narradora nos da muchos detalles de la casa donde vivían para orientar al oyente con respecto al lugar y la situación del evento. Incluye citas de lo que dijo su madre para hacer el evento más dramático, y cuenta la historia desde la perspectiva de la madre. La hablante revela, por la forma en que cuenta la historia, que la considera muy cómica.

Ahora veremos un ejemplo de un reportaje.

Reportajes

Primera Parte

Casi todos nosotros vemos u oímos las noticias cada día, y muchos además leemos las noticias en el periódico. En realidad, dependemos mucho del noticiero y de la prensa para mantenernos al tanto de lo que pasa en el mundo de hoy.

La cinta que va a escuchar a continuación incluye un segmento de un noticiero local que se llama *24 horas,* de Santiago de Chile. Trata de unos casos de cólera en un lugar sorprendente: un exclusivo centro médico de la ciudad.

Antes de escuchar

3. LAS NOTICIAS. Con toda la clase, piense en un noticiero típico y conteste las siguientes preguntas. ¿Cuáles son los papeles del locutor (*news anchorperson*) y del reportero en los noticieros? En la sección sobre las noticias locales y nacionales, ¿cuáles son algunos de los asuntos típicos que se tratan? Si el reportaje trata de un peligro para la salud pública, ¿qué aspectos se incluyen en el reportaje?

PALABRAS QUE VA A ESCUCHAR

terreno   la escena; el mundo

casinos de la clínica   un salón de la clínica

dados de alta   volvieron a casa

brote   contagio

sumario   reporte

constataron   afirmaron

el anonimato   el no revelar su identidad

virión   virus fuerte

4. ¿ENTENDIÓ?   Previamente a escuchar el reportaje, lea las siguientes preguntas sobre el contenido del mismo.

a.   ¿Por qué son tan sorprendentes estos casos de cólera?

b.   ¿Hay muchos casos confirmados y muchos sospechados?

c.   Según el director de la clínica, ¿hay motivos para preocuparse? ¿Por qué sí o no?

ch.   ¿Qué les ha pasado a los dos enfermos que estuvieron en el hospital?

d.   ¿Qué precauciones se han tomado por parte de la Clínica Alemana?

e.   ¿Qué quería confirmar el equipo médico del Ministerio de Salud sobre la clínica?

f.   ¿Qué contradicción cita la reportera al final del reportaje?

ESCUCHAR

Escuche ahora este interesante reportaje sobre el brote de cólera ocurrido en Santiago de Chile y tome notas sobre las cuestiones anteriores.

Luego de escuchar la cinta, conteste las preguntas de la Actividad 4 con un(a) colega.

Después de escuchar

5. Los reportajes y su estructura. Complete la información que falta con un(a) colega, y luego compare las respuestas con las de la clase entera.

a. El propósito de lo que dice la presentadora al principio del reportaje:

b. Las fuentes de información que utiliza la reportera:

c. Este reportaje tiene una breve sección en la cual le hace la reportera una pregunta al director. La razón por la cual se ha incluido esta conversación es:

ch. En una sección del reportaje el director lee un comunicado a la prensa, luego la reportera cita al director y después le hace una pregunta. Las razones por las que emplea estas estrategias son:

Seleccionar los hechos. Cuando el reportero informa sobre un evento, puede seleccionar los hechos que va a incluir según los intereses del oyente, el desarrollo de la historia, o según su propia actitud hacia los sucesos. La selección que el reportero realiza de los hechos afecta directamente la estructura del reportaje.

En este reportaje la periodista presenta cierta información contradictoria a la del director porque quiere hacer ver que existe un conflicto entre los hechos de los que ella tiene conocimiento y la versión oficial que expone el director de la clínica.

Hacer el reportaje con dos voces. En un reportaje frecuentemente se oyen dos voces que presentan diferentes tipos de información. En este reportaje las dos voces son: a) una que cuenta lo que ha dicho otra persona (la voz del reportero) y b) otra que cuenta lo que pasó (la voz de la persona entrevistada). El reportero controla lo que dice la persona entrevistada en que sólo deja que se oiga cierta información. Por eso, el reportero habla con más autoridad y, en relación con la totalidad del reportaje, su voz se oye mucho más que la de la persona entrevistada. El reportero también puede controlar la información usando el discurso indirecto, o sea citando las palabras de otra persona, mediante el uso de expresiones como **resolvió confirmar, constataron que** o **se abstuvo de opinar.** Por ejemplo, en el siguiente párrafo se indican en letra negrita las expresiones en las que la reportera cita la fuente de información:

"Efectivamente, el Ministerio de Salud expuso una exhaustiva investigación epidemiológica para detectar el foco de contaminación. Asimismo, según **informó en un comunicado,** especialistas de esta Secretaría realizaron una visita a la Clínica Alemana, donde **constataron que** sí se cumplen las normas de manipulación en el casino."

De esta forma, la persona que reporta puede escoger las frases de la fuente que mejor apoyen su perspectiva. La reportera tiene más control y autoridad sobre la noticia que la persona que proporciona la información.

Otras expresiones que se emplean en el discurso indirecto son:

aseguró que	negó que
comentó que	rechazó la idea de que
acaba de afirmar	desmintió que
dijo que	

6. LAS PERSPECTIVAS. Con un(a) colega, identifique en el siguiente párrafo las frases donde la persona que informa cita la fuente de información:

"La policía identificó plenamente a Víctor 'Camarada', considerado como el número dos de la pandilla Los locos de Los Ángeles. En su declaración, el denunciante dijo que había tenido un encuentro fortuito con el acusado hace cinco años, pero que aún recordaba sus señas particulares y, lo más importante, su nombre entero: Víctor Fuentes de Caballo."

Reportajes

SEGUNDA PARTE

ANTES DE ESCUCHAR

7. UN ROBO. Antes de escuchar otro reportaje en Chile, en el que se muestra una estrategia de presentación un poco diferente, conteste las preguntas con la clase. Si hubiera un robo en su pueblo o ciudad, ¿cuáles serían los detalles que le gustaría saber? Supongamos que ya capturaron al ladrón. ¿Qué le gustaría saber de él? ¿Qué detalles normalmente revelan los reporteros sobre el ladrón?

A continuación va a escuchar un reportaje que informa sobre un ladrón que no tuvo éxito en la comisión del delito.

PALABRAS QUE VA A ESCUCHAR

Carabineros guardias civiles

Prosegur una compañía de camiones de seguridad

la condena la sentencia

volante pieza en el interior del coche con que se guía el coche

botín dinero robado

8. PREPARACIÓN. Previamente a escuchar este segundo reportaje, lea las siguientes preguntas sobre el contenido del mismo.

a. ¿Creen los policías que el ladrón va a quedarse en la cárcel por mucho tiempo?

b. ¿Cómo robó el dinero?

c. ¿Qué había hecho el ladrón con la mitad del dinero?

ch. ¿Qué pensaba hacer con ese dinero?

d. ¿Cuántos ladrones había? ¿Apoya esto lo que dijo Jara González?

ESCUCHAR

Escuche ahora este reportaje sobre un robo en Curicó, Chile y tome notas sobre las preguntas anteriores.

Luego de escuchar la cinta, conteste con un colega las preguntas de la Actividad 8.

9. LA ESTRUCTURA DEL REPORTAJE. Escuche la cinta otra vez y complete el siguiente esquema con la clase:

a. cómo abre el reportaje el presentador

b. el tono que se establece desde el principio

c. las palabras y frases que utiliza el reportero para mantener el tono

Después de escuchar

Escoger una perspectiva. Cuando alguien informa sobre un acontecimiento, el hablante tiene que escoger una perspectiva hacia los hechos, porque siempre se cumple el caso de que se puede ver el mismo evento desde varios puntos de vista. ¿Cómo se escoge una perspectiva? Ya vimos en otros capítulos varias razones por las cuales los reporteros o animadores estructuran sus programas o presentaciones de cierta forma:

a. el reportero trata de presentar información pertinente al tema y obtenerla de tantas fuentes como sea posible

b. el reportero tiene que pensar en el oyente y lo que probablemente a él le interese

c. el reportero intenta que su reportaje sea coherente

Tal vez lo más importante es que la información sea coherente. Esto no quiere decir que sólo se presente un lado de la historia o que sólo se use la información que apoye la línea que el reportero quiera presentar. La coherencia aquí se refiere a que la información presentada no sea contradictoria y a que sea comprensible para el oyente.

La estrategia de mostrar los hechos desde cierta perspectiva es diferente en los dos reportajes: en el primero, la reportera contrasta su propia opinión con la de otras personas (el director de la clínica); en el segundo, el reportero trata de revelar los pensamientos de los protagonistas de la noticia. Esto último lo consigue mediante el empleo de:

a. verbos como **pensar, creer, imaginar** en tiempo presente, junto con adverbios como **posiblemente, probablemente, tal vez,** que indican que son suposiciones de parte del reportero

b. verbos como **pensar, creer, imaginar,** en tiempo futuro (por ejemplo, **pensará**), lo cual indica probabilidad

c. citas directas del hablante

ch. citas indirectas que emplean verbos como **revelar, manifestar, decir,** e **indicar**

10. UN CAMBIO DE PERSPECTIVA. Si quisiera mostrar a Jara González como un personaje triste, una figura a quien todo el mundo tenía lástima, seguramente tendría que hacer algunos cambios en el reportaje y tal vez agregar algunos elementos (de su infancia, de su madre enferma u otras "invenciones"). ¿Qué podría añadir para presentar a este peculiar ladrón desde esta perspectiva? Supongamos que él habla de:

a. su mujer y seis niños hambrientos

b. su cruel jefe

c. la pérdida de todo el dinero que iba a usar para pagar el alquiler del próximo mes

ch. su analfabetismo y vida de pobreza que llevaba desde la infancia

Utilice los verbos **pensar, creer,** etc., y citas directas o indirectas. Con un(a) colega, invente este reportaje y preséntelo ante la clase. Comparen las presentaciones de las otras parejas con la suya.

11. UN HÉROE DEL PUEBLO. Ahora, si quisiera mostrarlo casi como un héroe del pueblo, al igual que Robin Hood u otros personajes legendarios, ¿cómo haría el reportaje? ¿Qué detalles omitiría o añadiría? Invéntelo con un grupo de tres personas y después preséntenlo ante la clase.

DESARROLLAR

La presentadora da un resumen al principio del reportaje, que tiene la función de despertar el interés del oyente e introducirlo al asunto que se va a presentar en el reportaje. Luego, la reportera amplía el reportaje con los datos de la noticia.

12. LOS RESÚMENES. Con un(a) colega, lea los siguientes resúmenes y decida si están bien hechos en términos de despertar el interés del oyente y de introducirlo al asunto. Si no son buenos, comente qué les hace falta.

a. La muerte de ocho personas y el robo de un botín equivalente a ocho millones de pesos es el resultado del asalto a un tren de pasajeros en el estado de Comarca, informaron fuentes policiales.

b. María García, actualmente presa[1], hermana de Hernán García, encabezó hasta el 4 de abril, cuando fue detenida, una de las más poderosas bandas de narcotraficantes conectados con delincuentes colombianos y estadounidenses.

c. Billetes de la más alta denominación en lo que va del programa monetario, de color azul celeste, entrarán en circulación.

ch. La inflación de septiembre fue del 1,7%, más del doble que el índice de agosto, mientras que los precios mayoristas[2] crecieron el 0,9%.

13. LAS DOS VOCES. Escuche a un(a) colega mientras cuenta algo curioso o gracioso que le haya pasado recientemente. Trate de anotar las partes más interesantes o importantes de la historia, palabra por palabra.

Luego, prepare una breve presentación (no escrita) de ese evento, de unas cinco oraciones, alternando las dos voces: la que informa (la de usted) y la de la persona que proporciona la información (la de su colega, representada por citas directas). Relate la historia a la clase, introduciéndola con un breve resumen. Su colega debe hacer lo mismo con una historia que usted le ha contado.

14. UN SECUESTRO. Imagine que tiene que recoger información sobre el secuestro de un niño de ocho años de San Antonio, Tejas, que se llama Federico L. Conoce los siguientes hechos (complete los espacios en blanco con hechos imaginarios):

a. La policía le ha informado que:

- fue secuestrado por su madre, Clara
- Federico vivía con su padre, Carlos, porque cuando Carlos y Clara se divorciaron hace dos años, el juez decidió darle al padre el cargo de criar al niño. Tomó esta decisión porque creía que era más apropiado que un niño varón aprendiera de la vida de un hombre que de una mujer
- la policía ha llevado presa a Clara, a quien encontraron con su hijo en la frontera de México con los Estados Unidos
-

---

1. prisionera   2. *wholesale*

Capítulo 5

b. Clara le ha contado que:

- ha llorado día y noche por su hijo desde hace dos años y llegaron a tal punto su tristeza y desesperación que ya no pudo ir a trabajar
- era totalmente injusto que le quitaran al niño porque era una madre buenísima
- aunque tenía el derecho de ver a su hijo tres veces por semana, su ex marido sólo la dejaba verlo una vez al mes
- quería apelar de nuevo el caso en la corte, pero le faltaba dinero para pagar a un abogado
-

c. Carlos le ha contado que:

- está totalmente fastidiado con Clara, quien llamaba constantemente día y noche
- cree que está loca
- cree que es alcohólica, y por eso no sería una buena madre para su hijo
- el juez ha tomado esa decisión y se debe cumplir con la ley
-

ch. Unos amigos de Clara le han contado que:

- ella iba con el hijo apenas a visitar a su madre enferma en Guadalajara
- el juez es un pariente político de Carlos
- los dos se divorciaron porque él no le hacía mucho caso al niño
-

Con esta información, imagine que va a informar al público sobre este caso.
   Su meta es la de revelar: a) que cabe la duda de si realmente fue justa la decisión del juez, y b) que Clara tenía razón en secuestrar a su hijo. Para formular el reportaje, usted y un(a) compañero(a) deben utilizar el siguiente esquema:

a. un resumen

b. los hechos: Clara fue encontrada con su hijo en la frontera y llevada presa

c. una cita del juez

ch. la perspectiva de Clara

d. la perspectiva de Carlos

e. lo que dicen los amigos de Clara

f. un comentario de parte suya

Tengan en cuenta la estrategia de incluir las diferentes voces de reportero e informante y de presentar diversas perspectivas, citando a otras personas. Presenten este reportaje a unos colegas de la clase.

15. HABLAR CON INFORMALIDAD. Con otro(a) colega de la clase, repita lo que se hizo en la actividad 14, pero con un tono y un lenguaje menos formal. Puede imaginar que el oyente es un amigo íntimo de Carlos y Clara.

Para expresar dudas. Como se puede ver en los reportajes, la contraposición de varias citas, hechos y voces es una manera eficaz de mostrar discrepancias y dudas. Se logra hacer esto por la colocación de ideas diferentes o también por el uso de ciertas palabras como:

pero	por otro lado
aunque	a pesar de que
en cambio	inesperadamente

16. LAS IDEAS CONTRADICTORIAS. Con otro(a) colega, complete las frases, expresando ideas contrapuestas a las que se expresan en la primera parte de la frase:

a. Aunque haya recuperado una buena parte del dinero...

b. Ellos van a juzgarlo como ladrón, a pesar de que...

c. Ella dice que quiere trabajar más en la clase; por otro lado...

ch. Ya iban a negarse a firmar el contrato cuando inesperadamente...

d. Paco ya completó su trabajo; en cambio...

Ahora invente sus propias frases expresando ideas contradictorias con tres de las expresiones anteriores. Preséntelas en clase.

Capítulo 5

Expansión

Antes de leer

Como se ha mencionado en los capítulos anteriores, el reportaje de radio o de televisión es diferente del reportaje escrito. El reportaje de radio o televisión es más vivo y personal porque se puede oír la voz del reportero mismo y, en la televisión, se ve muchas veces al reportero hablando directamente al público. Por eso, es natural que el reportero muestre más abiertamente su perspectiva hacia el evento o las personas del reportaje. Por otro lado, un reportaje en un periódico o revista, al estar escrito, tiene que ser especialmente objetivo, o al menos ser muy sutil al dejar entrever la perspectiva del periodista.

17. Un enfrentamiento político. A continuación va a leer un reportaje sobre un conflicto entre dos grupos políticos en San Luis Potosí, México. Comente las siguientes cuestiones en la clase. ¿Qué le interesaría saber sobre un enfrentamiento político en la calle? ¿Cree que a veces es justificable la violencia en las protestas políticas?

LECTURA

"Enfrentamiento de grupos políticos callejeros en San Luis Potosí"

SAN LUIS POTOSÍ (EFE) - Al menos 30 personas resultaron heridas en un enfrentamiento entre opositores y seguidores del nuevo gobernador interino[1] de San Luis Potosí, a las puertas del Palacio de Gobierno de la capital de ese estado mexicano, que tiene su mismo nombre, según una fuente opositora.

Sin embargo, la Cruz Roja de San Luis Potosí dijo que la cifra de heridos no superó las diez personas.

El enfrentamiento ocurrió en San Luis Potosí, a 400 kilómetros al norte de la capital mexicana, después de que unos 200 manifestantes[2], la mayoría mujeres, según una fuente del Frente Cívico Potosino bloquearon las puertas del inmueble[3] oficial para impedir el acceso del gobernador interino, Teófilo Torres Corzo.

El nuevo gobernador y sus seguidores, entre ellos conductores de taxis, comerciantes y empresarios, rompieron el cerco[4] y Torres Corzo pudo entrar al Palacio de Gobierno en medio de fuertes empujones.

> **El nuevo gobernador y sus seguidores, entre ellos conductores de taxis, comerciantes y empresarios, rompieron el cerco...**

En los hechos resultaron heridas 30 personas, entre ellas el dirigente del Frente Antirreeleccionista Nacional (FAN, que forma parte del Frente Cívico Potosino), Guillermo Pizuto, según fuentes del partido.

El FAN anunció un nuevo bloqueo ante las puertas del Palacio de Gobierno con la misma intención de impedir el acceso al gobernador interino, aunque una fuente oficial dijo que Torres Corzo viajará a la capital mexicana, posiblemente para entrevistarse con el presidente Carlos Salinas de Gortari.

Torres Corzo fue designado gobernador el 10 de octubre después de la renuncia del anterior gobernador interino, Gonzalo Martínez Corbalá, que renunció para presentarse como candidato al cargo en las elecciones del próximo abril.

Martínez Corbalá fue designado gobernador provisional después de que el elegido renunciase 13 días después de asumir el cargo ante las presiones del candidato opositor Salvador Nava.

---

1. temporario   2. los que protestan   3. edificio   4. bloqueo

Después de leer

18. ¿Entendió? Complete la siguiente información con ayuda de un(a) colega:

a. El motivo de la manifestación era…

b. Hay una contradicción entre lo que dice la Cruz Roja y una fuente oficial sobre…

c. Entre los leales al nuevo gobernador estaban…

ch. Entre los manifestantes estaban…

d. Los manifestantes intentaron…

e. Torres Corzo es el gobernador número _____ en pocos días del estado de San Luis Potosí.

19. La objetividad del reportaje. Comente las siguientes preguntas en clase.

a. ¿Qué semejanzas hay entre este reportaje y los del cólera y el robo? Piense en términos de la estructura del reportaje; por ejemplo, la introducción, el empleo de citas, diferentes fuentes de información, ciertas palabras que revelan la actitud del reportero. ¿Cuáles son las diferencias?

b. ¿Cree que el reportero es totalmente objetivo? ¿o revela su perspectiva hacia el acontecimiento? Si responde afirmativamente, ¿en qué deja ver su perspectiva? ¿Presenta el reportaje sólo una perspectiva o varias?

20. Por otro lado. Vamos a suponer que usted es el reportero que tiene que preparar un reportaje sobre esta manifestación para un programa radiofónico. Decide que quiere exponer la perspectiva de las mujeres que están manifestando. Con un(a) colega, cambiando y agregando elementos a lo que leyeron en el artículo, decidan cómo quieren estructurar el reportaje, qué puntos van a incluir (citas; información de varias fuentes, por ejemplo de las mujeres). Luego, ensayen oralmente el reportaje, sin escribirlo palabra por palabra, siguiendo apenas unas notas. Preséntenlo ante otras dos parejas y comparen los resultados.

21. ENTRE AMIGOS. Trabajando con un(a) compañero(a), imagine que está hablando con un amigo íntimo sobre la manifestación. Infórmele sobre los hechos más importantes y cuéntele los pormenores de la noticia. Decida si desea revelar o no su actitud hacia el evento. Su compañero(a) debe hacerle preguntas sobre la información que haya omitido o que no haya quedado muy clara. Después, compare su versión con la de otras dos parejas.

22. ¿TIENES LA CULPA? En este juego, imagine que ha habido un crimen en el que alguien ha matado a el(la) profesor(a) mientras estaba corrigiendo los exámenes de sus alumnos en su casa. Parece que la persona que lo(la) mató entró libremente por la puerta principal, pero después de una violenta discusión, los vecinos oyeron unos disparos.

Dos sospechosos salen del salón de clase y tienen que inventar una historia sobre dónde estaban, lo que hicieron aquella noche, qué comieron. Después entra sólo uno a la vez y la clase le hace preguntas para ver si sus historias coinciden. Si no es así, deben juzgar quién es el culpable del crimen.

¡A PRESENTARSE!

23. PREPARACIÓN DE UN REPORTAJE. Busque un breve reportaje en un periódico o noticiero sobre un suceso como un robo o un secuestro; una cuestión de interés público que haya captado su interés. Prepare un reportaje en el que amplíe el tema, tales como citas (inventadas o verdaderas) de varias fuentes, como por ejemplo las personas afectadas o las responsables.

Presente una perspectiva particular de los hechos.

Con un(a) colega, ensaye la presentación del reportaje sin leerlo. Específicamente, el reportaje deberá incluir:

a. una voz que informa y la voz del informante

b. una cierta perspectiva de los hechos

c. discurso indirecto y directo

ch. un contraste entre lo que cuenta el reportero y lo que dice el informante, o bien el reportero presentará la información con un tono específico (seleccione la estrategia que mejor le convenga para su reportaje)

Capítulo 5

Ahora le toca a usted

Prepare un noticiero junto con cinco o seis colegas. Uno de ustedes es el locutor o presentador de noticias, como lo es Dan Rather, de CBS, o María Elena Salinas, de Univisión, que presentan los resúmenes y la transición entre los reportajes. Los demás colegas serán reporteros que presenten noticias diferentes. En cada reportaje deberán incluir dos "voces": la del reportero y la de la persona que proporciona información. Adopten diversas perspectivas hacia los eventos. Al final, la clase votará cuál es el noticiero más interesante y mejor presentado.

Para mirar de cerca

Grabe un reportaje de la radio. Fíjese en las diferencias y semejanzas en cuanto a su estructura y perspectiva. Presente la grabación en clase y coméntela con sus compañeros.

CAPÍTULO 6

¿QUÉ PASÓ? LA NARRATIVA

NARRAR

Cuando se cuenta a un conocido un acontecimiento extraordinario, se suele hacerlo con viveza, desde un punto de vista personal. Por otro lado, si se relata el mismo evento en un medio de comunicación público, se hace en forma objetiva. En ambos casos, al presentar el evento, el narrador usa la estrategia de seleccionar los elementos que mejor apoyen la historia y que resulten más interesantes para el tipo de audiencia al que se dirige. En este capítulo se examina la narración en el contexto de un reportaje y las estrategias de seleccionar los elementos más importantes de la historia para la audiencia.

Los casos policiales son frecuentemente narrados, especialmente en la televisión.

Antes de leer la conversación

1. **Una experiencia personal.** Casi todos hemos pasado por un evento que nos ha impresionado mucho y se lo hemos contado más tarde a un amigo. Con un(a) compañero(a), piense en un evento extraordinario que usted haya vivido o un evento del que le haya hablado un amigo o amiga.

    ¿Qué le impresionó más? ¿la manera en que se lo contó o el contenido del relato? ¿Le contó cómo lo(la) había afectado personalmente? ¿Cuándo cree que el relato es más intenso?, ¿cuando el hablante ha vivido personalmente los acontecimientos o cuando los cuenta de segunda mano?

La conversación

Lea la siguiente conversación informal en la que una anciana de 80 años relata una espantosa experiencia que vivió cuando era joven. Se trata de un temblor de tierra en México.

INTERLOCUTOR: A ver, platícanos del...de la presentación al templo.

ANCIANA: Pues ese día tuvimos un susto...tremendo. Salimos de la casa para dirigirnos a la parroquia de San Sebastián, que fue donde yo me casé. Esa parroquia es muy antigua; todavía existe. Está en ruinas, ya. Ya la mayor parte está en ruinas. Pues...precisamente estábamos a la hora de firmar la presentación, cuando se sintió un temblor demasiado fuerte. El sacristán era un señor ya grande, y fue tal su susto, que no más nos gritaba: "¡A la plazuela, a la plazuela!" Porque frente a la parroquia había una gran plazuela, que hoy es un bonito parque. Pero en aquellos tiempos era una plazuela. Y [...] y él no pensaba en otra cosa más que en que se nos iba a caer la parroquia, y gritaba desesperadamente a todos: "¡A la plazuela, a la plazuela! ¡Salgan pronto, salgan pronto!" Y ya él salió corriendo, y tras él todos nosotros. Con esto ya comprenderás qué susto tuvimos tan grande, porque el temblor estuvo bastante serio y largo, pero felizmente ya [...] estando en la plazuela, estuvimos a salvo.

>(de *El habla culta de la Ciudad de México: Materiales para su estudio*, p. 124)

Después de leer la conversación

2. Al nivel de la palabra. Con la clase entera, comente lo que cree que quieren decir las siguientes palabras o frases de la conversación que acaba de leer:

a. parroquia

b. temblor

c. sacristán

ch. estar a salvo

3. Los elementos de la conversación. Con otro(a) compañero(a), indique cuáles de los siguientes elementos aparecen en la conversación.

Comenten en qué parte de la conversación se encuentran y cuál puede ser su efecto (ej.: humor, realismo, interés para el oyente).

a. detalles sobre las personas o el lugar

b. detalles de la hablante misma, no tan pertinentes a la historia

c. citas de lo que dijeron otras personas

ch. comentarios personales a lo largo de la historia

d. perspectivas de otras personas

La mujer narra los acontecimientos con bastante intensidad porque se trata de una experiencia personal. Seleccione los detalles que mejor representan el drama del momento del temblor.

Ahora vamos a escuchar los informes formales de dos espantosos eventos.

Reportajes (continuación)

PRIMERA PARTE

Restos de un avión tras un accidente aéreo ocurrido en Madrid, España.

ANTES DE ESCUCHAR

En un accidente, el responsable del vehículo suele relatar los acontecimientos con gran intensidad, explicando las decisiones que tomó a lo largo del suceso.

4. OBSERVACIONES. Con la clase, comente lo siguiente: en el caso de un accidente de un avión que no pudo despegar de la pista de aterrizaje, ¿qué momentos angustiosos describiría el piloto? ¿Qué tratarían de hacer los sobrevivientes al detenerse el avión?

PALABRAS QUE VA A ESCUCHAR

despegar   levantar el vuelo
supervivientes   gente que sobrevivió al accidente
rescata   salva
medio centenar   la mitad de cien
perecer   morir
contundente   brusco

5. ¿ENTENDIÓ? Previamente a escuchar el reportaje, lea las siguientes preguntas sobre el contenido del mismo.

a. ¿Cuándo comenzaron los pasajeros a sentir vibraciones en el avión?

b. ¿Qué sensación tuvo el comandante al comenzar las fuertes vibraciones?

c. ¿Cuáles eran las opciones que le quedaban al piloto?

ch. ¿Por qué no pudieron salir fácilmente muchos de los pasajeros?

d. ¿Cuál es la actitud del piloto hacia el accidente?

ESCUCHAR

Escuche ahora la historia del accidente aéreo.

Después de escuchar el reportaje, conteste con un colega las preguntas de la Actividad 5.

La estructura del reportaje. Ahora escuche la cinta de nuevo, pero esta vez fíjese en la presentación de los reporteros. Se puede observar que:

a. el propósito de las primeras tres frases de los reporteros es dar un resumen de la noticia y proporcionar alguna información que oriente al lector con respecto al evento

b. el piloto muestra sus pensamientos y sentimientos en una cita directa en la que cuenta lo angustioso que fue aquel momento

c. los reporteros interrumpen la narración del piloto para presentar otros detalles, contrastando su punto de vista, objetivo, con el punto de vista, subjetivo, del piloto

ch. presentan la cita del comandante al final del segmento para mostrar lo irónica que resulta la actitud del piloto

d. La emoción del comandante al contar los acontecimientos contrasta con la objetividad de los reporteros

El discurso del reportero contiene los detalles esenciales para orientar al oyente sobre cómo, cuándo, etc. sucedió este evento. El reportero hace el esfuerzo de dar la noticia con claridad, incluyendo todos los elementos que el oyente necesita saber, de una manera objetiva (al menos en apariencia) e interesante.

6. **¿QUIÉN LO DICE?** En este reportaje, los dos reporteros, un hombre y una mujer, presentan la información desde una perspectiva diferente de la del piloto del avión. Identifique si la persona que comunica la siguiente información es el piloto o uno de los reporteros:

   a. un resumen de lo que va a oír el oyente

   b. una orientación hacia la historia: dónde, cuándo, quién y cómo

   c. muchos detalles angustiosos del evento, expresados con intensidad

   ch. detalles objetivos que simplemente informan sobre la secuencia de las acciones

   d. una introducción a una cita

   e. un comentario personal

   Seleccionar información; apoyarse a sí mismo; juzgar al oyente y la situación. Se citan los comentarios de personas que vivieron el accidente o la catástrofe por varias razones:

   a. es información de primera mano de parte de un testigo presencial de los hechos

   b. el relato de la noticia se hace más vivo y personal

   c. se pueden contrastar los elementos subjetivos con la información objetiva proporcionada por los reporteros

7. **¿QUÉ HABRÍA DICHO?** Imagínese que usted y otros dos colegas son unas de las víctimas de este accidente aéreo. Una cuarta persona, un reportero, los está entrevistando sobre el suceso. ¿Qué le podrían contar? Después de la entrevista, el reportero le cuenta a la clase lo que dijeron las víctimas.

   Como se vio en el Capítulo 1, la persona que relata un suceso tiene que pensar en los intereses de su audiencia y sus expectativas sobre el contenido y la forma del reportaje. Basándose en esto, seleccione la información y decida cuál será la estructura del relato. Hay que tener en cuenta que lo que le interesa a la audiencia varía en cada caso.

   Los reportajes tienen ciertos elementos en común con las historias y cuentos de hadas, como por ejemplo *Caperucita Roja*[1]. Tienen una orientación que indica al oyente o lector respecto al dónde, quién y cuándo de ciertas acciones durante la secuencia de los sucesos de la historia, y comentarios

---

1. *Little Red Riding Hood*

evaluativos que subrayan la importancia de la narración para el oyente (por ejemplo, *¡Qué horrible fue!*). Sin embargo, hay diferencias entre el discurso de un reportaje y el de un cuento de hadas.

8. LOS ELEMENTOS DE UNA HISTORIA. Con otros dos colegas cuente a la clase el cuento *Caperucita Roja*. Luego comenten las diferencias que hay entre los elementos de un cuento de hadas y los de un reportaje sobre un accidente. Consideren las expresiones hechas que se usan (ej.: "Érase una vez"), el tipo de mensaje y cómo se concluye el relato.

DESPUÉS DE ESCUCHAR

9. EL RESUMEN Y LA ORIENTACIÓN. Piense ahora en un accidente que haya visto o leído en el periódico, u oído de otra persona. Cuénteselo a un(a) colega, incluyendo un resumen del evento y la información esencial, para orientar al oyente (dónde, cómo, cuándo y quién). Después, amplíe la información con detalles y citas de algunas de las víctimas. Puede comenzar con una expresión en la que capte la atención del oyente, como por ejemplo: *Oye, ¿sabes lo que pasó el otro día?*.

A continuación vamos a ver otro ejemplo de narración sobre una catástrofe natural.

Reportajes

SEGUNDA PARTE

ANTES DE ESCUCHAR

10. UNA INUNDACIÓN. Otro tipo de reportajes frecuentes son los que tratan sobre catástrofes naturales, como por ejemplo una inundación. Con toda la clase, piense en las siguientes cuestiones: en los casos de una inundación, ¿quién o qué podría resultar afectado por la lluvia? ¿Cuáles son los daños que típicamente se ven en el campo y en las ciudades? Si fuera un reportero que prepara un informe sobre una inundación, ¿cómo escogería a los entrevistados? ¿Qué tipos de historias típicamente cuentan? Con un(a) colega, prepare el reportaje de una inundación real o inventada. Incluyan testimonios de las víctimas de la catástrofe.

Palabras que va a escuchar

sequía   período de tiempo de falta de agua
tendidos eléctricos   postes y cables de líneas eléctricas
tramos de carreteras   partes de caminos
riada   crecida de un río
borrón y cuenta nueva   comenzar de nuevo (expresión coloquial)
furgonetas   vehículos de transporte más pequeños que el camión
veintena   veinte

11. ¿Entendió?   Previamente a escuchar el informe "Las lluvias", lea las siguientes preguntas sobre el contenido del mismo:

a.   ¿Cuáles fueron los daños materiales causados por las lluvias?

b.   ¿Cuánto tardará en recuperarse la agricultura?

c.   ¿Qué profesión tenía la segunda persona entrevistada? ¿De qué habla?

ch.   ¿Murieron muchas personas por la inundación?

Inundación tras unas lluvias torrenciales.

Escuchar

Ahora escuche este informe sobre una inundación en España y tome notas sobre las preguntas de la Actividad 11.

Después de escuchar el reportaje, conteste con un colega las preguntas de la Actividad 11.

Los elementos de la presentación. Se puede observar que hay algunas semejanzas entre este informe y el del avión: hay un resumen inicial, información esencial para orientar al oyente y citas de las víctimas. Sin embargo, este reportaje es un poco diferente del reportaje del avión, que examinamos anteriormente. Por ejemplo, éste incluye muy pocos comentarios que den emoción a la narración del acontecimiento, en contraste con el reportaje del avión.

El pretérito y el imperfecto

Normalmente se relata un acontecimiento en tiempo pasado (aunque se usa también el presente histórico, por ejemplo: "Entonces fui a la tienda y *me encuentro* con Juan y..."), lo que implica el uso de las formas verbales del pretérito y el imperfecto. Se usa el pretérito para las acciones que hacen avanzar la narración. En el informe policial que va a leer a continuación, todas las acciones se expresan en la forma del pretérito porque todas indican la secuencia de eventos. Por eso, el lenguaje empleado parece tan sucinto y casi brusco. Pero para agregar más detalles y parar el tiempo, se usa el imperfecto. Eso se puede observar claramente en las citas del comandante del avión siniestrado: él (inconscientemente) detiene o hace más lento el tiempo mediante el uso del imperfecto para darle al oyente más detalles sobre el evento. Por el contrario, los reporteros se expresan casi siempre empleando el pretérito. Sin embargo, observe que el piloto del avión sí utiliza el pretérito al describir lo que sentía y pensaba, por ejemplo, "...de repente, **sentí** una vibración" y "entonces **interpreté** que podía ser un fallo de controles". Si el comandante hubiera deseado presentar al oyente simplemente los hechos del accidente sin describir lo que sentía, habría escogido otros detalles y los habría presentado en el pretérito. Luego la opción de usar el imperfecto o el pretérito también tiene que ver con la perspectiva del hablante hacia el evento y con el tipo de audiencia a la que se dirige.

12. Revisión. Escuche otra vez la cinta sobre las lluvias. Anote todas las formas verbales del pretérito que pueda, que aparezcan en el informe. Haga lo mismo para las del imperfecto. Confirme si el uso de estas formas concuerda con lo que se ha dicho anteriormente.

Desarrollar

13. Las acciones. Con un(a) colega, y siguiendo el modelo, elabore una lista de diez verbos que puedan representar acciones relacionadas con accidentes de cualquier tipo: de coche, de la escuela primaria, de desastres naturales, etc.:

Ejemplos: *caerse, chocar*

14. La organización de la secuencia. Con un(a) colega, seleccione seis de los verbos de la lista del ejercicio trece. Ordénelos de una forma lógica, como podrían haber ocurrido en un accidente. Luego, invente frases utilizando cada verbo, articulándolas con las siguientes palabras para formar una serie de eventos lógicos. Termine de contar cómo fue el accidente, diciendo, *Por fin...*

Conjunciones y locuciones conjuntivas. Las conjunciones son palabras que se usan para enlazar oraciones. La conjunción más común es **y**. Las locuciones conjuntivas son expresiones con esa misma función.

Ejemplos:

primero, segundo	a la vez
luego	mientras tanto
entonces	en cuanto
después	durante ese momento
finalmente, por fin	en ese instante
al final	más tarde

Si no las conoce, busque sus definiciones en el diccionario.

15. A conectar. Ahora, con las frases que inventó en la Actividad 14, cuente un accidente imaginario u otra experiencia emocionante, usando las conjunciones y locuciones conjuntivas.

16. UNA CATÁSTROFE EN LOS EE.UU. ¿Recuerda el huracán y las inundaciones en la Florida en el verano de 1992? Hubo varias muertes y daños materiales a ciudades enteras. Con un(a) colega, trate de recordar de forma aproximada las estadísticas para lo siguiente:

a. el número de muertes

b. el número de heridos

c. el número de desaparecidos

ch. el número de personas desamparadas

d. una tasa de los costos de los daños

Ahora, resuma lo que pasó. Incluya también información que oriente al oyente con respecto a cómo, cuándo, dónde y quién.

17. UN COMENTARIO PERSONAL. Supongamos que usted es un reportero que estuvo en el lugar de los hechos el día después de la inundación en la Florida. Uno de sus colegas representa el papel de un sobreviviente en la calle; pregúntele cómo vivió él(ella) la inundación. Luego, presenten esta pequeña entrevista en clase.

DESCRIBIR Y NARRAR

Hay muchos tipos de narración, y hemos mencionado sólo dos: el cuento de hadas y la noticia de un accidente. También vimos el uso de la anécdota personal en el Capítulo 1. La meta de ambos tipos de narración es la misma; el hablante quiere relatar un acontecimiento (o una serie de eventos) y mantener el interés del oyente. En una noticia de un accidente, el hablante necesita presentar los hechos de una manera clara y directa para informar al oyente. Una diferencia entre los diversos tipos de narración es la importancia que se les da a las emociones que experimentó el(la) hablante durante los acontecimientos. En un informe de accidente que se prepara para el público, se pretende ser objetivo. Por otro lado, cuando se cuenta una experiencia personal a un amigo, se subrayan las emociones que sentimos.

Hay otro tipo de escrito que informa sobre un accidente: el informe de policía; también describe un acontecimiento, pero prescindiendo por completo de los comentarios personales. Lea este ejemplo de lo que podría ser un resumen de un informe policial:

> El 25 de junio 1992, a las 8:35 de la noche, un coche Ford Escort, manejado por Francisco García, chocó por detrás a una camioneta manejada por Liliana Ocampo en la calle Rosario, bloque 1700. El Ford Escort iba a una velocidad de aproximadamente 45 millas por hora por la zona marcada de 25 millas p.h. No hubo ningún herido. El Ford sufrió daños en el guardachoques, y una llanta resultó desinflada. La camioneta sufrió muy pocos daños. El conductor García admitió tener la culpa.

Observe que, al escribir un informe de este tipo, sólo interesa la secuencia de los eventos y los detalles objetivos.

18. ¿A QUIÉN LE INTERESARÍA? Con toda la clase, comente a quiénes estará dirigido un informe tan sucinto, sin ningún comentario personal:

a. a un abogado que tenga que preparar un pleito

b. a un periodista que escriba para una revista popular

c. a un psicólogo

ch. al oyente típico de un programa de radio

d. al juez que va a juzgar este caso

Ahora, con un(a) colega, que una persona represente el papel de (a), (ch) o (d) y la otra persona el papel de un testigo del accidente. El testigo le cuenta lo que recuerda del accidente a esa persona.

Recuerde que el hablante utiliza las estrategias de seleccionar cierta información según su percepción de los intereses del oyente y según lo que mejor apoye la historia y su credibilidad. Examinemos a continuación estas estrategias.

19. IMAGINEMOS. Vamos a imaginar que usted es Francisco García o Liliana Ocampo, los conductores descritos en el informe policial. Descríbale a un amigo íntimo lo que le pasó en el accidente. Tenga en cuenta que probablemente necesite usar el pretérito para las acciones y el imperfecto para los comentarios personales y detalles.

La variación de lenguaje. Se habrá dado cuenta de que hay diferencias entre los cuatro casos en cuanto al lenguaje empleado. No sólo varía el tipo de comentarios que se hacen en cada situación, sino también el lenguaje, en términos de formalidad, vocabulario y tono. Por ejemplo, en el lenguaje informal, se usan expresiones como éstas:

Fíjese/Fíjate que...

No puedes imaginar

Fue horrible/terrible (y otras expresiones evaluativas)

Y entonces...

Puede notar que en el reportaje, que emplea un lenguaje formal, se evita el uso de estas expresiones.

20. USTED COMO REPORTERO. Si fuera el reportero que debe preparar el informe sobre el accidente de García y Ocampo, ¿cuáles serían las preguntas que les haría?

21. SELECCIONE USTED. Supongamos que usted ha sido testigo presencial de un accidente en el que la víctima fue Juan Sánchez, un amigo íntimo suyo. Estos son los hechos:

a. Juan Sánchez, de 34 años de edad, casado, padre de cuatro hijos, enfermero del Hospital San Ignacio, atraviesa la calle Guadalupe, en el centro de la ciudad.

b. Vuelve del bar Jalisco, donde ha almorzado y bebido casi cinco cervezas con sus amigos.

c. Lleva consigo una gran cantidad de dinero porque va a comprarse un VCR marca Sony antes de volver a casa.

ch. Es todo el dinero que tiene ahorrado, un total de novecientos tres dólares.

Capítulo 6 **117**

d. De repente lo alcanza una motocicleta marca Honda que va a alta velocidad.

e. El motorista, Luciano Esteban Pérez, de 18 años de edad, sigue en marcha cuando el semáforo se pone en rojo y atropella a Juan Sánchez, dejándolo gravemente herido.

f. Lo llevan al hospital donde él mismo trabaja, y está bajo una supervisión especial, ya que todavía se encuentra inconsciente y no se sabe hasta ahora la gravedad de sus heridas.

Si tuviera que contarles este evento a las siguientes personas, ¿cuáles serían los elementos o hechos que escogería u omitiría usted en cada situación?

Hay que tener en cuenta los intereses del público, su nivel de comprensión, la claridad con la cual se expresa el mensaje, la organización del mensaje y la selección de los elementos que van a impresionar más al oyente. Con un(a) colega, seleccione a dos de las siguientes personas y cuénteles lo que le ocurrió a Juan:

a. un policía

b. un amigo íntimo suyo y de Juan

c. la esposa de Juan Sánchez

ch. la compañía de seguros de vida de Juan

Expansión

Antes de leer

22. Un accidente en forma escrita. Piense en una noticia del periódico sobre un evento emocionante. Con toda la clase, piense en lo siguiente:

a. los detalles más importantes que siempre se incluyen

b. si se trata de un desastre causado por la naturaleza, sobre todo en un país subdesarrollado, lo que se puede anticipar que habrá pasado

Lectura

Lea el siguiente artículo sobre los efectos de una tormenta muy fuerte que cayó sobre Culiacán, México, publicado en el periódico *El Excelsior* de México, el 10 de setiembre 1992.

ALEJANDRO SICAIROS
"Derribó Varias Casas y Causó 5 Heridos; un Tramo del Puente Morelos se Cayó"

CULIACÁN, 9 de septiembre.—A consecuencia de una tormenta registrada anoche aquí —con vientos de hasta 70 kilómetros por hora—, varias viviendas resultaron afectadas, con un saldo de 400 damnificados[1] y cinco personas lesionadas, además de la interrupción en el suministro de energía eléctrica y servicio telefónico en un tercio[2] de la zona urbana, informó hoy el comandante del cuerpo de bomberos, Plutarco Araujo.

En menos de una hora, señaló, se recibieron poco más de 600 llamadas para solicitar auxilio, "ante el caos originado por la lluvia y el viento, los cuales propiciaron desesperación entre la gente".

Al amanecer, por toda la ciudad se veían postes telefónicos y de energía eléctrica derribados, automóviles aplastados por grandes anuncios, árboles caídos que obstruían las calles, y el derrumbe[3] de un tramo de 50 metros del puente Morelos, lo cual propició la suspensión parcial de la circulación de vehículos sobre esa vía.

> ...el viento se llevó 15 viviendas, y lesionó a cinco personas, entre ellas a un niño, al caerles encima el techo de sus casas, lo cual obligó a improvisar un albergue...

En la colonia 22 de Diciembre —donde la mayoría de viviendas[4] son de madera y láminas de cartón[5]— el viento se llevó 15 viviendas, y lesionó a cinco personas, entre ellas a un niño, al caerles encima el techo de sus casas, lo cual obligó a improvisar un albergue[6] para 200 personas, aunque la Cruz Roja reportó fuera de peligro a los heridos, asentó.

Otros doscientos habitantes abandonaron sus hogares en las colonias 6 de Enero y Tierra Blanca, donde se registraron las inundaciones más graves, y después de bajar el nivel del agua, esta mañana retornaron a sus hogares.

Tras recorrer las zonas afectadas por la tormenta, el edil Lauro Díaz Castro giró instrucciones al departamento de Acción Social para brindar apoyo a las familias de escasos recursos, afectadas por el siniestro.

El alcalde aseguró que los daños más severos ocurrieron en zonas con asentamientos humanos, cuyos materiales no son sólidos.

---

1. que han sufrido daños físicos o materiales   2. una tercera parte   3. la ruina   4. casas   5. hojas grandes de cartón (de papel fuerte)   6. refugio

Por su parte, el superintendente de la CFE, Luis Alberto Valencia, manifestó que el 30% de la población en áreas urbanas y rurales de Culiacán se quedó sin el servicio eléctrico durante cuatro horas; sin embargo, después se normalizó el suministro, acotó.

Agregó que las brigada de la paraestatal[7] trabajarán de continuo hasta reparar las instalaciones dañadas por el viento, causante del corte eléctrico.

En tanto, el director del Servicio Meteorológico, Manuel de Jesús Ortiz, explicó que el mal tiempo fue causado por un sistema tropical convectivo, el cual generó rachas[8] de viento hasta de 70 kilómetros.

Por otra parte, en la casa 983 de la calle Ameca, colonia Popular, estalló[9] un tanque estacionario, y ello provocó el desplome de la construcción, cuyos familiares, afortunadamente, se encontraban en otra vivienda.

Por último, se reportó el cierre durante cinco horas de las operaciones aeroportuarias de la terminal local.

---

7. trabajadores empleados por el estado   8. soplos fuertes   9. reventó

Después de leer

23. ¿Entendió? Conteste las siguientes preguntas sobre la lectura con otro(a) colega, haciéndose las preguntas uno a otro:

a. ¿Cuáles fueron los resultados de la tormenta, según el título? ¿Fue una catástrofe grande?

b. El primer párrafo da un resumen del total de los daños de la tormenta. ¿Cuáles fueron?

personas heridas:

personas afectadas:

servicio eléctrico:

servicio telefónico:

c. ¿Qué pasó con el puente Morelos? ¿Qué consecuencias tuvo?

ch. ¿Qué clase de gente vive en el barrio 22 de Diciembre? ¿Se explica la razón por la cual resultó tan afectada esta colonia? ¿Adónde fue esa gente?

d. ¿Qué hizo el departamento de Acción Social?

e. ¿Qué van a hacer las brigadas de la paraestatal?

f. ¿Qué le pasó al aeropuerto?

24. ANÁLISIS DE LA ESTRUCTURA. Conteste la siguiente pregunta con la clase entera:

¿Contiene este artículo los siguientes elementos?

a. citas de personas afectadas

b. comentarios personales cargados de emoción

c. información que apoya la finalidad del reportaje

ch. información que posiblemente interese al lector típico (clase media, culto)

Hay que tener en cuenta que siempre hay diferencias entre un reportaje oral televisado o por radio y un reportaje escrito. Un reportaje "en vivo" de la televisión o la radio puede contener mucha más emoción pues se pueden grabar los comentarios de los afectados o mostrar en pantalla el escenario del accidente. Sin embargo, la estructura en general y los elementos de los reportajes son básicamente los mismos.

25. EL TELÉFONO. En este juego, el propósito es contar todos los detalles de un evento muy claramente para que una persona pueda contar de nuevo la misma historia a otra. La clase se divide en cuatro grupos. Cada grupo prepara un reportaje de un accidente inventado, con muchos detalles. Luego, el jefe de un grupo le pasa su reportaje en forma escrita al jefe de otro grupo, y viceversa. Cada grupo se pone por separado; los dos grupos se ponen en dos filas. El jefe del primer grupo le cuenta la historia, sin mirar la hoja, al miembro de su grupo que tiene al lado, en voz baja para que los otros no lo oigan. Este último le cuenta lo que ha comprendido de la historia, al colega que tiene al lado. Así se van pasando el reportaje oralmente. La última persona del grupo debe contar el reportaje en voz alta a la clase. Luego se compara lo que él o ella diga con la historia que inventó el grupo original. Cada grupo hará lo mismo.

¡A PRESENTARSE!

AHORA LE TOCA A USTED

A. Piense en los detalles y acciones importantes de un accidente que haya sufrido o presenciado. Incluya tantos detalles como sea posible; por ejemplo:

1. dónde y cuándo
2. quién
3. acción 1
4. acción 2
5. acción 3
6. resultado

B. **Preparación.** Con la información de la actividad A, prepare una presentación objetiva. Tenga en cuenta que cuando se hace una narración o una descripción, se debe pensar en el oyente, sobre todo si la historia es verosímil e interesante. Para lograr esto, hay que seleccionar la información que más apoye el punto principal de la narración y juzgar las relaciones entre los sucesos desde la perspectiva del oyente. También tenga en cuenta que conviene usar el pretérito o el imperfecto para expresar el paso del tiempo (avanzar o hacer más lenta la acción).

C. **Corre la voz.** Ahora, escuche la historia de su pareja, tomando apuntes para recordarla. Después, cuéntela a la clase o a un grupo de cuatro personas. No debe repetir siempre "Fulano ha dicho que...", sino contar la historia en tercera persona. Incluya detalles y acciones importantes en la historia, y también comentarios o citas personales de su pareja. Si la persona que narra no da toda la información que usted considere importante para contar la historia de nuevo, hágale preguntas para aclarar el asunto.

CH. **¿Y usted?** Delante de la clase, va a hacer la presentación de la Actividad A como si fuera parte de un noticiero sobre accidentes y catástrofes.

Tenga en cuenta los siguientes puntos mencionados en este capítulo e intente incorporarlos en la presentación:

1. el resumen y otra información para orientar
2. la sección objetiva que presenta el reportero

3. la sección subjetiva, normalmente con citas de las víctimas (pueden ser indirectas; "La victima dijo que..")
4. ser consciente del tipo de oyente al que se dirige, seleccionando la información y empleando el lenguaje apropiado
5. el uso del pretérito o el imperfecto para avanzar o parar la acción, o para señalar cómo cambian los estados emocionales de los protagonistas de la noticia

Para mirar de cerca

Observe las noticias del canal de televisión o radio hispano, y grabe un reportaje de un accidente. Tome notas de la noticia para poder contársela a la clase y también analice la estructura del reportaje y las estrategias que usa el reportero para apoyar sus afirmaciones, y cómo selecciona información que incluye en su reportaje.

CAPÍTULO 7

PUESTA EN COMÚN: UN SEMINARIO DE LITERATURA

EL DIÁLOGO EN UN GRUPO

Un seminario es una reunión en un centro educativo (colegio o universidad) en la que se estudia y comenta un tema determinado. Aunque el(la) profesor/a que dirige el seminario suele ser una autoridad reconocida en la materia, el propósito de un seminario es que los asistentes exploren el tema en común y participen en el coloquio (charla en grupo). En este capítulo se verá cómo el(la) profesor(a) que dirige un seminario se sirve de varias estrategias de conversación en grupo, como son sintetizar, alentar la participación de los asistentes, elaborar y aclarar, opinar, pedir opiniones y sugerir.

En los diálogos en grupo se pueden exponer los distintos puntos de vista de cada participante.

Los estudiantes en un seminario interactúan con sus colegas y el profesor, haciendo comentarios y preguntas, adhiriéndose o discrepando de las opiniones expresadas por otras personas.

En esta lección se va a examinar la interacción en grupo, en el contexto de un seminario de literatura, y se explorarán las estrategias de conversación del moderador y los asistentes.

ANTES DE LEER LA CONVERSACIÓN

En la vida diaria, cuando varias personas hablan entre sí, es muy común que la persona que conoce mejor el tema exprese sus opiniones con más autoridad y haga comentarios con más frecuencia.

1. CON AUTORIDAD. Cuando una persona conoce bien un tema habla con autoridad, apoyándose en los hechos y, en general, ampliando el tema con sus comentarios. En parejas, la persona **A** escogerá un tema que conozca bien y que la persona **B** apenas conozca. Por ejemplo, **A** está tomando una clase de psicología y **B** quiere saber si vale la pena tomar el curso. **B** inicia y promueve la conversación haciendo preguntas sobre el tema. **A** expone el tema utilizando las siguientes estrategias:

a. presentar hechos

   Ejemplo: *El curso es de cuatro horas por semana y habrá un examen parcial, uno final y una presentación oral ante la clase.*

b. dar o aclarar detalles.

   Ejemplo: *Bueno, no se trata de una presentación individual, sino en equipo. Cada equipo tiene cinco personas.*

c. dar opiniones personales

   Ejemplo: *A mí me parece que la profesora es muy organizada y que vamos a aprender bastante.*

ch. hacer comentarios

   Ejemplo: *Las lecturas son muy interesantes, aunque los conceptos son difíciles.*

Cuando terminen, intercambien los papeles.

2. LOS OYENTES. ¿Qué estrategias emplean los oyentes para indicar que están escuchando, que están o no de acuerdo, o para pedir aclaraciones? Ahora la persona **A** habla del mismo o de otro tema y la persona **B** muestra interés en la conversación usando las siguientes estrategias (usted debe completar los últimos dos ejemplos):

a. asentir

   Ejemplo: *Sí, es cierto, la psicología es un tema fascinante.*

b. discrepar

   Ejemplo: *No estoy de acuerdo. Me parece que la antropología te da una visión más amplia que la psicología.*

c. opinar

   Ejemplo: *Creo que...*

ch. dar apoyo

   Ejemplo: *No te preocupes. Estoy seguro(a) de que tú...*

LA CONVERSACIÓN

Lea la siguiente conversación entre dos amigos, **A** y **B**, los dos licenciados en derecho y los dos militares mexicanos. A lo largo de la conversación, los interlocutores **A** y **B** tratan de determinar qué es lo que la entrevistadora (**E**) desea saber de ellos. El tema sobre el que ella desea comentar es el habla del mexicano de hoy día.

A: ...algo así: *El hombre de México*...Samuel Ramos, el doctor Samuel Ramos.

E: No, no lo he leído.

A: En la editorial...¿Cómo se llama este libro...este...de Samuel Ramos? Se llama...*El espíritu de México, El mexicano medio*... Es algo del espíritu de México...el pelado[1] mexicano;...y ahí te lo describe exactamente: cómo es el mexicano.

B: Bueno, ¿él lo describe desde un punto de vista psicológico...

A: Psicológico.

B: ..sociológico...

A: Sociológico.

B: ...histórico?

A: Histórico.

B: Pero la cuestión es...

A: ¿Tú ya lo leíste, verdad?

---

1. tipo

B: Sí, ya lo leí.

A: *La vida del hombre y el perfil[2] del mexicano*, algo así.

B: *El perfil del mexicano.*

A: *El perfil del mexicano.* Es una cosa muy bonita.

B: Pero es...Ahí describe su forma de ser del mexicano, de pensar...

A: Por eso: ¿no es el tema que ella [la entrevistadora] quiere?

B: No; muy diferente.

E: No; no es el tema. Es el habla...de México.

A: El habla del mexicano.

B: El habla.

E: El habla del mexicano, sí.

B: Sí...De la forma de expresarse, las palabras que emplea...

A: ¡Ah, vamos!

B: ...el significado que les da, que es muy diferente.

A: ¡Ah! Todo depende de...del nivel en que vaya ¿no?

B: Sí.

A: Sí. Tú vas por ejemplo y entrevistas a un...a un ilustre vendedor de [...] jícamas[3], allá, en Tepito, ¿verdad? ¡No más lo que te pasa!

B: Sí.

E: ¡Lo que aprendemos! ¿verdad?

A: ¡Lo que aprendes, y verás no más!

E: Sí.

A: Y en la Merced también. A un cargador de la Merced... Pues ya te das cuenta... O un chofer, un chofer de camión, también; o un soldado...

B: A un Sánchez[4] común y corriente, de los que [...] describe Oscar...

A: Claro... Y ya...ya...ya el nivel de la cultura del oficial mexicano, ya es muy diferente. Ya no es el de hace veinte años.

(de *El habla culta de México: Materiales para su estudio*, pp. 205-206.)

---

2. una vista de algo, normalmente de un lado u otro   3. un vegetal blanco, parecido al nabo *(turnip)*   4. un hombre común

DESPUÉS DE LEER LA CONVERSACIÓN

3. ¿QUIÉN HABLA CON MÁS AUTORIDAD? En el diálogo anterior, el locutor **A** comienza a hablar del libro de Samuel Ramos sobre los mexicanos, porque cree que es el tema sobre el que quiere tratar la entrevistadora. Pero el tema que ella quiere que **A** y **B** comenten es "el habla de los mexicanos". Vuelva a leer el diálogo con cuidado y comente lo siguiente con un(a) colega: ¿Quién hace la mayoría de las aclaraciones? En su opinión, ¿cuál de los dos hablantes habla con más autoridad? ¿Por qué?

4. LAS ESTRATEGIAS QUE USAN. Las siguientes frases han sido extraídas de la conversación anterior. ¿Qué estrategia de comunicación se puede observar en ellas? Coméntelo con un(a) colega. Considere las siguientes opciones:

sintetizar

mostrarse de acuerdo

elaborar

enseñar

opinar

a. "Es algo del espíritu de México...el pelado mexicano; y a...y ahí te lo describe exactamente: cómo es el mexicano."

b. "El habla del mexicano, sí."

   "Sí, de la forma de expresarse, las palabras que emplea...el significado que les da, que es muy diferente."

c. "Ya el nivel de la cultura del oficial mexicano, ya es muy diferente. Ya no es el de hace veinte años."

En las conversaciones informales con tres personas o más, se utilizan muchas de las mismas estrategias que se usan en un coloquio (charla en grupo) en un ambiente formal. Es decir, se emplean las estrategias de elaborar, aclarar, y opinar. Vamos a escuchar ahora un coloquio en una clase de literatura de estudios de posgrado.

Un seminario de literatura

Primera Parte

Antes de escuchar

En un seminario de literatura, la meta del(la) profesor(a) es orientar la discusión de forma que se comenten ciertos elementos de las obras que se están estudiando. En la siguiente cinta escucharemos parte de un seminario sobre cómo está reflejada en la literatura la visión que tienen de los Estados Unidos los mexicanos. La meta de la clase es publicar juntos una bibliografía sobre el tema que incluya anotaciones. Están discutiendo si ciertas obras son apropiadas para la antología o no.

5. Observaciones. Con la clase, comente las siguientes preguntas, basándose en sus propias experiencias de clases de literatura. ¿Qué espera un(a) profesor(a) de sus alumnos? ¿Y qué esperan los alumnos del profesor(a)? ¿Qué se espera hacer en una clase sobre un género literario? ¿Y en una clase de literatura sobre un tema en particular? Si los alumnos pueden participar libremente en el diálogo, ¿cuál es el papel del profesor(a) en cuanto a dirigir la clase?

Muchas veces cuando se enseña se quiere estimular la participación de los alumnos, no sólo para comprobar si están prestando atención y si siguen el hilo de la conversación, sino también para saber cuáles son sus propias ideas. En este segmento de la cinta los participantes en el seminario leen y comentan selecciones de poemas de un famoso autor mexicano que vivió en los Estados Unidos durante un tiempo.

Palabras que va a escuchar

pictóricas   plásticas como pinturas

antro   lugar oscuro

cuartetas   estrofas

mérito   valor

acomodaticia   burguesa

6. ¿ENTENDIÓ? Previamente a escuchar el seminario, lea las siguientes cuestiones sobre el contenido del mismo.

a. El nombre del autor mexicano del que hablan:

b. ¿Cómo ve este autor a la sociedad americana, según una alumna?

c. ¿Por qué a una alumna no le parece coherente este autor?

ch. ¿Por qué el profesor no cree apropiado incluir una crítica al autor en su biografía? ¿Le parece a usted que este profesor no valora lo que dicen los alumnos? ¿o que también aprende de ellos? Razone su respuesta.

ESCUCHAR

Escuche ahora la primera parte de este seminario de literatura y tome notas sobre las preguntas anteriores.

Después de escuchar el reportaje, conteste con un colega las preguntas de la Actividad 6.

Es importante que la persona que dirige el coloquio aliente la participación de todos los alumnos, y cubra ciertos puntos planeados de antemano. La persona que dirige una clase, o cualquier otro grupo, debe hablar con cierta autoridad y puede hacerlo sin necesidad de usar mandatos.

7. DIRIGIR UN GRUPO. Imagine que usted es el profesor de un curso en el que los estudiantes están preparando una antología de poemas de Centroamérica. Escriba una o varias oraciones que indiquen cuál sería su reacción en cada una de las siguientes circunstancias. Cuando termine, compare sus respuestas con las de otros compañeros.

Ejemplo: Antonio se ha quedado dormido. ¿Qué le dice usted? (Responda con humor.)

Usted le dice: *Antonio, ¿por casualidad eres un extraterrestre con una computadora en el cerebro que puede aprender y dormir al mismo tiempo?*

a. Olga y Consuelo se enojan porque Olga insiste en incluir poesía con palabras mayas en una antología de español. (Cálmelas y cambie de tema.)

b. Matilde cree que un poema trata sobre la revolución nicaragüense pero en realidad trata sobre la lucha armada en El Salvador. (Aclárele la cuestión e indíquele cómo evitar confusiones de ese tipo en el futuro.)

c. Roberto es muy tímido y no se atreve a participar. (Trate de alentarlo a participar y de darle seguridad en sí mismo.)

ch. Eduardo quiere incluir poemas de los habitantes negros en el Atlántico. Gloria lo interrumpe abruptamente para explicar que casi todo está en inglés. (Aproveche la corrección de Gloria pero reconozca que la idea de Eduardo es buena.)

d. Aunque abundan los temas donde escoger —la imagen del quetzal en Guatemala, la naturaleza, la guerrilla, el movimiento ecológico, la lucha por los derechos de la mujer— los estudiantes sólo han reunido material sobre la problemática indígena. (Aliéntelos a ampliar el número de temas, organícelos en equipos y asigne las tareas de revisión, estructuración e investigación a cada uno de ellos.)

8. A VER LO QUE DICE USTED. Junto con un(a) compañero(a), piense en algunas frases con las que pueda orientar el coloquio en las siguientes circunstancias. Hágalo con humor si es posible. Por ejemplo, para alentar la participación de ciertos alumnos: *Maite (que está muy callada), ¿por qué hablas tanto hoy? Quiero saber lo que piensas sobre esto.*

a. llevar al alumno a pensar en una idea que el profesor quiere discutir

b. aclarar su punto principal

c. volver al mismo alumno que comenzó a hablar antes

ch. asignarles determinadas tareas a ciertos individuos

d. introducir un nuevo tema (otra obra literaria)

Cuando termine, compare sus sugerencias con las de otros compañeros.

DESPUÉS DE ESCUCHAR

En el seminario, el profesor aprovecha una pregunta que le hace una alumna, para introducir un poema y el género literario de la poesía en general.

Para introducir un tema se pueden usar preguntas, como:

¿Conocen Uds...?

¿Han pensado en...?

o declaraciones como:

Esto es interesante.

Uds. sabrán que...

También es muy común usar expresiones hechas en la forma verbal imperativa, para atraer la atención del oyente hacia otro asunto, como por ejemplo:

¡Oye!   Fíjate que

¡Mira! Imagínate que

9. ALGO NUEVO. Trabaje con otros dos colegas. Una persona comienza a hablar sobre un tema que conoce bastante bien, por ejemplo, los requisitos para graduarse en su especialización. Otra persona le hace preguntas. La tercera persona debe intentar introducir un tema nuevo en la conversación, empleando algunas de las expresiones mencionadas anteriormente.

10. EL PROFESOR. En grupos pequeños, hablen del valor educativo de la televisión. Una persona desempeña el papel del profesor. Como tal, debe iniciar el diálogo, ya sea con preguntas *(¿Cuál debe ser el papel de la televisión en la educación?),* comentarios *(La televisión ha cambiado completamente la forma en que aprendemos),* una provocación *(¡Los programas que se ven en la televisión son pésimos!).* También debe dirigir la discusión y asegurarse de que todos tengan la oportunidad de hablar. Si alguien no está participando, el profesor debe hacerle preguntas o llamarle la atención. Los demás participantes del coloquio a su vez deben hacer preguntas, asentir, discrepar, presentar hechos, comentar.

La síntesis. En cualquier coloquio en el que las perspectivas y opiniones expuestas son muy diversas, es importante que el(la) moderador(a) del grupo trate de sintetizar las opiniones de todos los participantes para llegar a una conclusión común. En este proceso debe mostrar respeto por todas las opiniones.

Un seminario de literatura (continuación)

SEGUNDA PARTE

11. LLEGAR A UN ACUERDO. Con toda la clase, piense en las siguientes cuestiones. ¿Ha estado en clases en las que los alumnos daban diferentes respuestas a una pregunta del profesor? ¿Cómo se enfrentó el profesor a esta situación? ¿Qué expresiones podría usar un profesor para aceptar una idea diferente de la suya, al mismo tiempo intentando conectarla con lo que él quiere expresar?

Palabras que va a escuchar

mole   masa grande y pesada
retratar   pintar, describir a una persona
vidrio   cristal

Esta parte de la cinta comienza con la lectura de otros versos de Tablada. Después continúa con otro autor, Justo Sierra.

12. ¿Entendió? Previamente a escuchar la segunda parte del seminario, lea las siguientes preguntas sobre el contenido de la cinta:

a.   ¿Incluyen los poemas de Tablada en la antología?

b.   ¿Cómo dirige el profesor el seminario para que pasen a hablar de Justo Sierra?

c.   ¿Por qué le gusta a Luisa tanto la postura de Justo Sierra?

ch.   ¿Cuánto duró el viaje de Justo Sierra?

Escuchar

Escuche ahora este seminario de literatura española y tome notas sobre las preguntas de la Actividad 12.

Después de escuchar el seminario, complete con un(a) colega la información que falta en la Actividad 12.

Después de escuchar

13. Diferentes ideas. Supongamos que los alumnos tienen diversas opiniones sobre lo que se debe incluir en esta antología de obras sobre la visión literaria que tienen los mexicanos de los norteamericanos. Una persona cree que se debe eliminar a las escritoras feministas, otra persona considera que no se deben incluir poemas. En grupos de tres personas, dos deberán explicar sus puntos de vista y dan razones para apoyarlas, y una tercera persona deberá tomar el papel de moderador(a) o profesor(a), y hacer una síntesis de las diferentes opiniones. Puede comenzar la síntesis diciendo *Tal vez lo mejor sea...*

DESARROLLAR

En una discusión como la anterior, varias personas ofrecen sus opiniones en un diálogo libre, o sea, en un libre intercambio de ideas sobre un tema.

En un seminario es muy común dar su opinión sobre un tema, libro, autor, etc. Algunas expresiones hechas que se pueden emplear para indicar una opinión son:

creo   me parece que

se me hace que   en mi opinión

a mi ver   se puede decir que

Pero lo más difícil es apoyar la propia opinión con datos y hechos, o citas de autoridades en el tema. Es preciso presentar la información que mejor apoye la opinión expresada, y presentarla de una manera lógica, comenzando por la razón de más peso.

14. LAS OPINIONES. Con un(a) colega, lea las opiniones que figuran a continuación en letra cursiva y evalúe si se dan razones de peso o débiles para apoyarla.

Si son débiles, cámbielas para mejorar el argumento:

a. *Ahora, ya todo es más difícil.* Estos muchachos pueden concurrir[1] menos a las actividades de la escuela y de la iglesia. Todo está más lejos, todo es más difícil que en aquella época. Mi hijo estaba en un club en la escuela; todavía estaba cuando se recibió. Después de eso, ya trabajando en la Compañía de Luz, se presentó su examen profesional, pero todavía estando ligado al Club.

b. *Yo odio la comida de Chiapas.* Y no quiero salir a comer cuando esté allí. Todo con pollo, todo con pollo. Siempre el pollo. Y el pan de ellos, es muy diferente al de nosotros, ¿sí? Allá no tienen telera[2]. Son como unos polvorones[3]. Y en la sierra todo es al revés. Los refrescos son calientes, las tortillas son frías. O sea, todo al revés, ya.

---

1. estar presente   2. un tipo de pan   3. unas galletas redondas

c. *Esta película checa*[4]... ¿A ti te gustó el estilo de la película [...]? Porque en las películas checas hay algo que me choca a mí. Es decir, no son...occidentales. Tienen algo [...] que las asemeja un poco...no sé...a las películas rusas, pero tampoco. No sé, hay algo extraño en ellas.

(de *El habla culta de la ciudad de Buenos Aires: Materiales para su estudio II*, p. 42)

ch. *Yo creo que ayuda saber el psicoanálisis.* Hay gente que dice que no. Hay gente que dice que cuanto más intelectualizado estás, mejor, porque cubres más cosas, porque buscas rodeos[5] y argumentos. Pero es que creo que depende de las trabas[6] que uno tenga para comunicarse con el psicoanalista. Hay gente que yo conozco que va tres o cuatro meses y que no habla una palabra.

(de *El habla culta de la ciudad de Buenos Aires: Materiales para su estudio II*, p. 60.)

Compare sus respuestas con las de la clase entera.

15. ¿QUÉ OPINA USTED? Ahora, con un(a) colega, haga lo siguiente para formular sus propias opiniones.

a. Piense en algo sobre lo cual tenga una opinión terminante; por ejemplo, el impacto de Madonna en los jóvenes, el inglés como lengua oficial de los Estados Unidos, la necesidad de la educación bilingüe, el concepto de enseñar a sus hijos en casa en vez de la escuela.

b. Con su colega, exprese las razones por las cuales tiene esa opinión. Comience con la razón de más peso.

c. Ahora, con otra pareja, ensaye un discurso en que comunique su opinión (sin leer nada) en voz alta. Su pareja puede darle sugerencias o hacer comentarios, para mejorarla.

Muchas veces en un coloquio, después de que una persona expresa una opinión, otra persona la elabora, la niega o la amplía para relacionarla con su propia opinión. En un seminario es muy común que el profesor use la estrategia de considerar una opinión de un estudiante y la elabore. De esta forma, hay una conexión entre lo que dice el estudiante y los

---

4. de Checoslovaquia   5. vueltas   6. ligazones, maneras de conectarse

puntos de vista del profesor. También así puede llevar el profesor la conversación de manera que gire en torno a los temas que desea comentar particularmente.

Lea estos ejemplos de la elaboración de una opinión por parte de otra persona:

a. JUAN: Fuimos a Córdoba. Después decidimos ir a Toledo.

   ELENA: Toledo es una ciudad importantísima de España, sobre todo para el turismo. Los collares de oro son muy conocidos por su artesanía fina en el mundo entero.

b. MARINA: Me parece que ese castillo queda encima del Monte de Piedad.

   JOSÉ: Queda encima del Monte, y tuvimos que estudiar la historia del castillo y las tres batallas que se libraron allí.

16. LA ELABORACIÓN. Con un(a) colega, elabore las siguientes afirmaciones (si no está de acuerdo con ellas, indique por qué). Luego, cambie de pareja y repita la actividad.

a. Hace tiempo que no tenemos un buen líder para nuestro país.

b. Se muestra tanta violencia en los programas de televisión hoy en día.

c. Parece que hay más gente pobre en la calle que nunca.

ch. No es buena idea hablar de la religión en las fiestas.

Hacer una síntesis. En los coloquios en los que se exponen muchas opiniones diferentes, el(la) moderador(a) generalmente sintetiza las ideas que se discuten. Después, suele ofrecer su propia opinión sobre el tema, algo que puede influir bastante sobre los demás participantes, ya que el(la) moderador(a) tiene más autoridad que los otros al conocer mejor el tema.

Para sintetizar, el(la) hablante puede hacer un resumen de las opiniones expuestas. Observe este ejemplo:

A: Me parece que Las Lomas es el lugar idóneo para pasar las vacaciones porque el clima es perfecto el año entero.

B: Sí, pero prefiero la playa San Lucas porque hay más lugares turísticos para distraerlo a uno.

C: Entonces tenemos que decidir entre las montañas con su clima agradable y la playa con sus atracciones turísticas. Recuerden que no tenemos mucho dinero y es más barato ir a las montañas.

17. USTED Y LA SÍNTESIS. En grupos de cuatro, tres dan opiniones contrarias sobre los temas que figuran a continuación y otros temas de su agrado, y un(a) moderador(a) dirige la conversación y hace una síntesis. Túrnense para desempeñar el papel de moderador(a).

a. lo que se debe hacer con un estudiante que siempre interrumpe la clase diciendo cosas no pertinentes al asunto tratado

b. lo que deben hacer las universidades para ayudar a los estudiantes pobres

c. si se les debe exigir más académicamente a los estudiantes atletas

En las secciones anteriores se estudiaron las estrategias de conversación que emplea el(la) moderador(a) de un coloquio más o menos formal. Ahora vamos a examinar las funciones de los demás participantes del coloquio. En el contexto de una clase, serían los estudiantes.

Tomar turnos. En ciertas culturas el(la) moderador(a) debe conceder la palabra a la persona que desea hablar, mientras que en otras los participantes simplemente toman su turno subiendo el tono de voz. En el diálogo libre que escuchamos en la cinta los estudiantes no levantaron la mano para pedir permiso del profesor cuando deseaban intervenir en la conversación, sino que simplemente comenzaron a hablar muy alto o más alto que los demás.

Esto es conveniente dentro del contexto de un seminario, pero en una situación más formal esta técnica tal vez no funcione, pues puede parecer descortés o demasiado agresiva. Además de simplemente levantar la mano, hay otras expresiones que pueden servir para llamar la atención del(la) profesor(a) en una clase:

¡Profesor(a)!

¡Permiso!

Quisiera decir lo siguiente

Para responder a lo que dijo otro(a) colega, se pueden emplear algunas expresiones como:

Como dijo (nombre)...

(No) Estoy de acuerdo con lo que ha dicho (nombre).

Igual que lo que piensa (nombre)...

También se puede repetir una parte de lo que dijo la otra persona y elaborar más sobre ese asunto.

18. A CONTINUACIÓN

a. Con otro(a) colega, una persona expresa su opinión sobre un tema, por ejemplo si se debe exigir que todos los alumnos de la universidad tomen un curso multicultural como parte de los requisitos de graduación, y por qué sí o no.

b. Luego, otra persona responde a lo que dijo la primera, usando una de las técnicas mencionadas anteriormente (por ejemplo elaborar, sintetizar). Cada persona expresa su opinión cuando sea su turno y responde a lo que dijo otra persona.

19. QUERIDA TÍA ELIANA.
Toda la clase debe dividirse en cuatro grupos y cada grupo debe tener un(a) moderador(a).

a. Primero, cada grupo escribe una carta pidiendo una solución a cualquier problema que tenga que ver con relaciones humanas (un problema de amor, de familia, de los colegas del trabajo, etc.).

b. Luego, los grupos intercambian sus cartas. El(la) moderador(a) lee la carta de otro grupo al suyo y juntos, los miembros del grupo tienen que llegar a un acuerdo en cuanto a una solución al problema. Se le devuelve la carta con la solución escrita al pie de la página al grupo que corresponda, y todos comentan sus opiniones. Luego, lean las cartas y las soluciones a toda la clase.

Expansión

Antes de leer

20. El conflicto entre las generaciones. Piense con un(a) colega en una situación en la que usted y sus hermanos (o sus amigos o parientes) tuvieron un conflicto con sus padres. ¿Se pusieron de acuerdo los hermanos antes de hablar con sus padres? ¿Quién fue el portavoz del grupo (el que presentó las ideas de los demás)? ¿Por qué fue esa persona elegida portavoz? ¿Cómo se resolvió el conflicto?

Lectura

A continuación va a leer una pequeña parte de la pieza de teatro español *La mordaza*, de Alfonso Sastre, escrita en los años 50. En esta pieza, el padre de una familia es un hombre frío y brutal, cuyos hijos acaban de enterarse de que hace poco mató por la espalda a un hombre que vino en busca de él porque había matado a su mujer y a su hijo unos años antes. Ahora los hijos tienen miedo de hablar del crimen de su padre. En esta escena, Juan y Teo, hermanos, y Luisa, la esposa de Juan, hablan de su padre enfermizo y el terrible secreto (Jandro es otro hijo; Andrea es la criada).

Alfonso Sastre
La mordaza[1]

JUAN: ¿Qué dice?

LUISA: Nada. Parece que quiere dormir. Se queda con los ojos cerrados. Pero se ve que no puede. Está inquieto.

JUAN: ¿Tú crees que al cabo del tiempo, y ahora con esta enfermedad, habrá vuelto a pensar en lo que hizo? ¿Que será eso lo que le intranquiliza?

LUISA: No. Es la fiebre. Y, además, está muy grave, y él lo sabe de sobra[2].

---

1. algo que se pone en la boca de otro para que no haga ruido   2. bastante

JUAN: Tiene mucho miedo a morir, es verdad. Anoche, cuando se encontró peor, daba unos gritos horribles. Pero yo pensaba que lo que le aterrorizaba era morir en el pecado.

LUISA: No. Lo que hizo este verano no es un pecado para él. Y además él no cree que luego haya algo, después de esta vida. Lo que le aterroriza es, simplemente, morir.

JUAN: *(Mueve la cabeza amargamente.)* Mi padre no ha creído nunca en nada.

LUISA: Sí ha creído, Juan. Ha creído en la vida. Todo el cariño que los demás repartimos entre la vida y nuestras creencias..., con nuestras supersticiones..., él lo ha puesto en la vida. No cuenta con otra cosa para vivir..., sólo con la vida...

> **Tu madre llora porque dice que su alma se va a condenar eternamente..., aunque le parece que él no tuvo toda la culpa de matar...**

JUAN: A mi padre la vida le es suficiente... para vivir... Nosotros necesitamos de otras cosas que están más allá..., de los misterios del catecismo..., de creer en cosas que no vemos... Porque, si no, la vida seria para nosotros demasiado amarga... pero mi padre es tan fuerte que no necesita de nada... Cuando se muera, no habrá nada en el mundo que él no haya hecho... ni un sólo placer que no conozca, ni una emoción, ni una vergüenza... El habrá pasado por todo... Lo habrá gozado y sufrido todo... ¿Dónde está mi madre? ¿Con él?

LUISA: Sí.

JUAN: Pobre madre... No se ha separado de su lado en toda la noche...

LUISA: Ahora está llorando... porque tu padre no quiere confesarse... Se ha puesto como una furia cuando tu madre se lo ha dicho... Ha querido echarla de la habitación... Tu madre llora porque dice que su alma se va a condenar eternamente..., aunque le parece que él no tuvo toda la culpa de matar... Dice que hacía mucho calor..., que venía preparándose la tormenta..., que no llegaba a estallar, y que un tiempo así vuelve locos a los hombres. La tormenta estalló una semana después y los hombres se tranquilizaron...; pero para él ya era tarde..., él ya había matado... Eso dice tu madre...

(Llega Teo de la calle.)

TEO: ¿Y el padre?

JUAN: Sigue igual.

TEO: Nos ha dado una noche insoportable. A ver si esta noche duerme y nos deja dormir. *(Lía un cigarrillo.)* He visto al comisario en el pueblo.

JUAN: ¿Otra vez ha vuelto?

TEO: Sí. Y no dejará de venir a visitarnos, como tiene por costumbre. Me parece que a este paso iremos acostumbrándonos a su cara.

JUAN: *(Nervioso.)* ¿Qué querrá hoy?

TEO: Nada. Como siempre. Vendrá a echar un vistazo, a charlar con nosotros. Y a seguir buscando al criminal.

JUAN: ¿Tú crees que sospecha de nosotros?

TEO: Si no, no vendría.

JUAN: ¿Y no dejará de venir nunca? ¿Lo vamos a tener siempre aquí?

TEO: Hasta que descubran al asesino.

JUAN: ¿Hasta que detengan a nuestro padre?

TEO: Sí; hasta que detengan a nuestro padre o a un inocente contra el que tengan pruebas. Entonces la policía cerrará una carpeta y no volveremos a ver al comisario Roch. Mientras tanto, seguiremos sufriendo su sonrisa y su amabilidad. No creas que van a cansarse. La policía tiene mucha paciencia.

JUAN: ¿Tú crees que el comisario Roch sospecha de nuestro padre?

TEO: De momento, sospecha de todos nosotros.

JUAN: Y viene fingiéndose amigo nuestro para cazarnos.

TEO: Es su oficio.

JUAN: ¿Y nosotros vamos a callar siempre?

TEO: Sí. Por una razón o por otra, todos vamos a callar siempre.

JUAN: No sé si podremos resistirlo. Llevamos así dos meses. Pero, ¿vamos a poder resistir toda la vida?

TEO: Si es preciso, tendremos que resistir toda la vida.

JUAN: Tú querrías hablar, delatar[3] a nuestro padre, ¿verdad, Teo?

TEO: Sí.

JUAN: ¿Y por qué no hablas?

TEO: Por miedo... Siento como una mordaza en la boca... Es el miedo...

JUAN: ¿Y tú, Luisa?

LUISA: Yo también hablaría.

JUAN: Pero no hablas por mí. Porque me quieres y sabes que yo sufriría si lo hicieras.

LUISA: Solamente por eso. Yo no tengo miedo.

JUAN: Es otra mordaza... Y sigue el silencio... Yo no hablo porque tengo piedad de mi padre, porque me da lástima de él, porque no puedo olvidar que es mi padre... Estoy amordazado por mi compasión... Y en esta casa, desde hace dos meses, no hay más que silencio... Un espantoso silencio...

LUISA: Es lo que tú dices, Juan..., un espantoso silencio...

JUAN: Nuestra madre y Jandro no se atreven a hablar porque creen que cualquier palabra podría ser aprovechada para ejecutar a nuestro padre... Andrea es fiel y calla... Todos callamos... todos...

LUISA: Hay silencio en la casa. Parece como si no ocurriera nada por dentro, como si todos estuviéramos tranquilos y fuéramos felices. Esta es una casa si disgustos, sin voces de desesperación, sin gritos de angustia o de furia... Entonces, ¿es que no ocurre nada? ¿Nada? Pero nosotros palidecemos[4] día a día..., estamos más tristes cada día..., tranquilos y tristes..., porque no podemos vivir... Esta mordaza nos ahoga y algún día va a ser preciso hablar, gritar..., si es que ese día nos queden fuerzas... Y ese día va a ser un día de ira y de sangre... Pero mientras tanto, ¿verdad, Juan? Silencio...";Te voy a matar si hablas!", me dijo vuestro padre... El buen silencio...

---

3. acusar   4. nos ponemos blancos

21. ¿ENTENDIÓ? Con otro(a) colega, complete la siguiente información sobre la pieza:

a. Según los hijos, el padre tiene miedo de…

b. ¿Es el padre un hombre religioso?

c. La madre está triste porque…

ch. El comisario Roch quiere…

d. Los hijos no le hablan a la policía sobre el crimen porque…

22. LA DISCUSIÓN. Comente las siguientes cuestiones sobre la discusión entre Teo, Juan y Luisa cuando tratan de decidir cuál va a ser su postura ante la investigación del comisario. ¿Quién de los tres hace las siguientes cosas?

a. Hace casi todas las preguntas para tratar de saber cuál es la actitud de cada persona.

b. Hace una síntesis de las actitudes de todas las personas de la familia, incluso las que no están presentes.

c. Toma una actitud decisiva hacia lo que se debe hacer con respecto al comisario.

ch. Toma una actitud filosófica después de oír y pensar en las posturas de todos los de la familia.

d. Elabora más sobre lo que dice otra persona.

e. Modera la conversación, concediendo los turnos. ¿Cuál de los hermanos cree usted que le va a hablar primero del crimen al comisario?

Observe cómo en esta conversación escrita también hace uso de algunas de las mismas estrategias que se utilizan en una conversación oral.

DESPUÉS DE LEER

23. LAS OPINIONES DIFERENTES. Comente con tres personas de la clase sobre lo que ellos harían si estuvieran en el lugar de los hijos de la familia de la obra teatral. Luego, presente ante la clase una síntesis de las opiniones recogidas.

24. **EN EL CONTEXTO DE LA FAMILIA.** Reúnase con otras tres personas de la clase en un pequeño grupo. Tomen turnos para ser el moderador del grupo. Expresen su opinión sobre los siguientes conflictos (hablen uno por uno, no todos a la vez):

a. la responsabilidad de los familiares de protegerse los unos a los otros, aún en los casos en que uno de ellos haya cometido un crimen

b. las responsabilidades que tienen los hijos hacia sus padres, hasta la muerte

c. el "derecho" de los padres de castigar a sus hijos, aún cuando sean mayores

Los cometidos del(la) moderador(a) del grupo son conceder la palabra a quien corresponda, hacer una síntesis de las opiniones expuestas, pedir más detalles si es necesario, y tal vez elaborar. Los demás participantes deben tratar de aclarar su postura hacia el tema, apoyándola lo mejor posible con razonamientos válidos y tal vez elaborar más lo que ha dicho otra persona.

¡A PRESENTARSE!

AHORA LE TOCA A USTED

A. Primero, junto con otras tres personas, imagine que usted y sus colegas son maestros de una escuela. Van a celebrar una reunión que tratará sobre cómo resolver el problema de los alumnos que se portan muy mal en clase. Cada uno debe tomar una de las siguientes posturas hacia el problema:

1. Uno cree que se debe volver al sistema del castigo físico.

2. Otro cree que se debe tener una reunión con el(la) maestro(a), los padres del niño, y el niño mismo.

3. Otro cree que después de tres faltas serias se debe expulsar al niño de la escuela.

4. Otro es el(la) moderador(a) del grupo y quiere que todos lleguen a un acuerdo para tomar una decisión en cuanto a la política que seguirá la escuela respecto a este problema. Pero también cree que lo más justo es que el niño haga algún tipo de servicio especial para la clase.

B. Celebren esta reunión frente a la clase. Se sugiere que incluyan los siguientes elementos:

El(la) moderador(a):

1. alentar la participación de todos

2. sintetizar

3. llegar a un acuerdo (opcional)

4. introducir algún tema nuevo en la discusión

5. ofrecer su propia opinión

Los demás participantes:

1. tomar turnos

2. dar opiniones y apoyarlas con razonamientos válidos

3. elaborar lo que dicen los demás participantes.

Para mirar de cerca

Asista a una reunión o coloquio público en el que se hable en español. Tome nota de lo que dice el(la) moderador(a) y anote también las diferencias que observe entre lo que diría un(a) moderador(a) de una reunión en inglés y éste.

CAPÍTULO 8

¡Créame! Los anuncios

Convencer, persuadir

Los anuncios son omnipresentes en nuestro mundo moderno; los vemos o los oímos en todas partes. El propósito de los anuncios es persuadir al consumidor a que compre el producto. Se puede ser directo o indirecto al tratar de persuadir al comprador potencial; veremos ejemplos de los dos estilos en este capítulo.

Cuando el vendedor trata de persuadir directamente, se dirige al consumidor empleando verbos en la forma del imperativo. Pero

Periódicos y revistas tratan de convencernos diariamente con noticias de actualidad y publicidad.

en otras ocasiones el vendedor trata de persuadir indirectamente, dándole al consumidor a entender que su producto es el mejor del mercado; por ejemplo, comparándolo con otro producto.

En esta lección se examinan las estrategias que se emplean en los anuncios de dar a entender, comparar, y contrastar para tratar de persuadir al consumidor a comprar el producto. Pero antes de examinar los anuncios veremos un ejemplo de cómo tratamos de convencer y persuadir en la conversación diaria.

ANTES DE LEER LA CONVERSACIÓN

Cuando queremos convencer a un amigo de algo, normalmente hablamos abierta y directamente, dándole razones por las cuales esperamos que llegue a creer lo que decimos.

1. CONVENCER A UN AMIGO. Con un(a) colega, piense en una ocasión específica en la que trató de convencer a un amigo de algo. ¿Qué le dijo? ¿Le dio muchas razones o lo llevó con sutileza a pensar o hacer algo? ¿Tuvo éxito?

LA CONVERSACIÓN

Lea la siguiente conversación entre tres argentinos. Los informantes **A** y **B** están casados y **E** es la encuestadora. Hablan entre sí sobre la necesidad de tener un auto en Buenos Aires. Los informantes usan la forma de *vos* en vez de *tú*.

A: No, por ahora estoy estabilizado[1]. Mañana no sé, no sé... No, no lo considero una cosa eterna, pero por ahora, para mí es lo que tengo, ¿no?

E: ¿El auto u otro departamento? [risas]

A: No, no, auto nunca pensé [....]

E: Bueno, en el tipo de trabajo que ustedes hacen no...no lo necesitan realmente.

B: No te creas, Mara.

A: Es un peligro comprarse un auto.

B: Pero no te creas, Mara, yo lo necesito bastante [...] Yo además trabajo en una clínica, en Vicente López. Estoy en una clínica.

E: Ah, ¿trabajás en Vicente López?

B: Sí, en una clínica...eh...general. Llevo la parte de psiquiatría.

E: Ajá.

---

1. bien, sin problemas

B: Y por el momento no tengo nada más que ese trabajo; ése y el hospital. Pero antes tenía una guardia también en un hospital psiquiátrico. Entonces tenés que estar de un lado para otro, y a mí me haría falta, ¿no?, quizás más que a vos.

A: No, yo digo que es peligroso comprarse auto. Yo digo que muchos amigos míos que cuando éramos compañeros de facultad...eh...teníamos la misma opinión sobre todos los temas que tratábamos, porque teníamos la misma concepción de la realidad. Hoy los noto un poco aburguesados[2] [...] los veo manejarse en coche y, aunque parezca mentira, el coche te aísla, te hace no participar realmente...eh...de las cosas que ocurren en la calle; no tener contacto con la gente, es decir, si vas al cine agarrás el coche, vas, lo estacionás, bajás, ves la película, volvés...

B: [....] a moverla, ¿no?

A: ...volvés a entrar al coche y volvés a tu casa y no tuviste el más mínimo contacto con la gente, ¿no?

E: Claro.

A: Eh...y parece mentira, pero realmente te...te va aislando de...te va separando de una cantidad de cosas; te va limitando tu horizonte, tu panorama...eh...vital y social incluso. Y...inconscientemente, [...] vas cambiando [...] la manera de considerar las cosas, ¿no?

E: [aparte] No, no, está bien, servite vos.

A: Para mí, por ejemplo, es un placer caminar por Corrientes[3], revisar todos los libros, librerías, novedades...eh...sentarme en un café a ver qué opina la gente.

E: Bueno, pero el tipo que tiene auto también puede hacer eso.

A: No, pero no lo hace. No lo hace.

B: [....]

A: Puede hacerlo, pero no lo hace porque se acostumbra mucho al coche.

(de *El habla culta de la ciudad de Buenos Aires: Materiales para su estudio*, pp. 131-132)

---

2. acomodados   3. una calle de Buenos Aires con muchas tiendas y librerías

DESPUÉS DE LEER LA CONVERSACIÓN

2. LA PERSUASIÓN. Complete la siguiente información con un(a) colega, y luego compare sus respuestas con las de la clase entera.

a. la razón que da la informante **B** para querer tener un auto

b. las razones que le da el informante **A** para no tener uno

c. los tipos de razones que da el informante **A**:

	Sí	No
citas de otras personas		
analogías de experiencias personales		
citas de algo que ha leído		
sus observaciones de la vida diaria		
su conocimiento de la vida personal del oyente		

ch. Cuando el hablante usa la forma *tú*, ¿se refiere a una persona en particular o a alguien en general?

3. PARA TERMINAR. Termine estas frases con un(a) compañero(a), según lo que entendió de la conversación.

a. Según **A**, la razón principal para no tener un coche en Buenos Aires es…

b. Según **A**, ha visto que sus amigos que tienen coches…

c. Entonces, **A** dice implícitamente (indirectamente) que si cualquier persona tiene coche en la ciudad, …

En esta conversación, uno de los argentinos usa la estrategia de hacer una analogía con lo que sabe de la vida de sus amigos y dice implícitamente que lo mismo le va a pasar a su esposa si todavía sigue con ganas de tener un coche.

4. ¿QUÉ OPINA USTED? En las ciudades europeas y latinoamericanas hay mucha vida en las calles. Se puede hablar de una "cultura de la calle". La gente camina mucho, utiliza el transporte público, y por lo tanto interactúa bastante con sus conciudadanos. ¿Le parecen convincentes las razones que da **A** para no tener auto? En el sentido en que él lo explica, ¿está de acuerdo con él en que es peligroso tener un auto? ¿Se aplica esto a su vida en los Estados Unidos? En grupos de cuatro personas, dos personas toman la postura de que sí es peligroso tener auto y dos la postura de que eso es una tontería. Primero preparen su punto de vista en parejas y luego, en grupo, traten de convencer a sus contrincantes de que el punto de vista de Uds. es el correcto.

Ahora, escuchemos unos ejemplos en los que se emplea la persuasión en algunos anuncios.

Anuncios

Primera Parte

Antes de escuchar

5. Las bebidas. Piense en anuncios de bebidas que haya visto en una revista, en la televisión o escuchado en la radio. Invente dos *slogans* típicos para un anuncio en cada una de las siguientes categorías. Invente también una o varias oraciones explicando qué tipo de imágenes visuales emplearía para acompañar los *slogans*.

a. bebidas gaseosas

b. leche

c. cerveza

Vamos a escuchar un anuncio de España sobre la leche Puleva.

Palabras que va a escuchar

higienizar   purificar

envasar   meter en botellas u otros envases

¡menuda es!   expresión coloquial española que quiere decir "¡qué buena es!"

Este anuncio comienza con tres chicos andando por el campo. Se encuentran con un campesino y su esposa que están ordeñando vacas, y les ofrecen un vaso de leche.

6. SOBRE EL ANUNCIO. Previamente a escuchar el anuncio, lea las siguientes preguntas.

a. Según el campesino, ¿qué tiene de especial la leche Puleva?

b. ¿De dónde deriva el nombre de la leche?

c. ¿Cuántas veces se menciona la marca Puleva en el anuncio?

ch. ¿Qué hace Puleva con la leche antes de envasarla? (La respuesta es un cognado, aunque la pronunciación es muy diferente.)

d. ¿Cuál es la expresión que usa el chico para sugerir que la leche es muy rica y tiene mucha crema?

ESCUCHAR

Escuche ahora el anuncio de Puleva.

Luego de escuchar el anuncio, conteste con un colega a las preguntas de la Actividad 6.

DESPUÉS DE ESCUCHAR

7. EL MENSAJE EN GENERAL. Con un(a) compañero(a), comente los siguientes temas:

a. ¿Cuál es el mensaje principal? Es interesante observar que, por ejemplo, en un anuncio sobre una sopa especial que dice "Ahora tiene la mitad de la sal", se implica que si toma esta sopa, no tiene que preocuparse por la cantidad de sal que lleva (pero no dicen con qué se compara, si con otra sopa, con la sopa anterior de esta compañía, o con otra cosa).

b. ¿Qué es lo que no dice el anuncio; es decir, ¿qué se deja para que el oyente infiera del contenido? O sea, si compra esta leche, ¿qué sugiere el anuncio que le va a pasar?

c. ¿Cumple este anuncio con las expectativas que tenía para un anuncio de una bebida? ¿Cuáles son?

ch. Si tuviera que preparar un anuncio de una marca de leche, ¿qué cosas diferentes haría?

8. LA AGENCIA PUBLICITARIA. En parejas, piensen en un producto que le haga la competencia o que sirva de complemento a la leche Puleva. Puede ser otra marca de leche, leche de soja o una bebida de proteínas concentradas como la que toman los atletas. Apunten las características que les gustaría que tuviera y escriban un *slogan*. Luego, lleven sus ideas a una agencia publicitaria (otros dos compañeros(as)) e intercambien sus apuntes. Cada pareja preparará un anuncio para el producto de la otra. Cuando hayan terminado, presenten ambos anuncios ante la clase.

Anuncios (continuación)

Segunda Parte

Antes de escuchar

9. LOS CRITERIOS. Antes de escucharlo, piense con toda la clase en tres criterios que usaría para juzgar un periódico como de primera categoría.

Escuchar

Escuche el anuncio de *Diario 16*, que es muy corto, pero que describe bien el periódico.

10. EL PERIÓDICO. El anuncio presenta conceptos opuestos basados en cuatro palabras.

a. ¿Cuáles son estas cuatro palabras? Escríbalas en los espacios en blanco:

"La información tratada con … , pero con … "

"Un periódico … no tiene por qué ser … "

b. Según la descripción, ¿qué tipo de periódico es?

c. ¿Cuál es el público al que va dirigido el anuncio?

DESPUÉS DE ESCUCHAR

11. LO IMPLÍCITO. Con un(a) colega, conteste las siguientes preguntas:

a. ¿Cuál es el mensaje principal del anuncio? ("Si compra este periódico, …")

b. ¿Qué es lo que no dice el anuncio, o qué se deja para que el oyente infiera?

c. ¿Mencionó el anuncio alguna de las características de un buen periódico que esperaba oír?

Anuncios (continuación)

TERCERA PARTE

ANTES DE ESCUCHAR

12. UN COCHE NUEVO. Antes de escuchar la cinta, comente estos temas con toda la clase: ¿cuáles son las características deseables de un coche nuevo? ¿Cómo son los anuncios típicos de los coches?

13. EL COCHE. Previamente a escuchar el anuncio 3, lea los siguientes puntos.

a. Dentro del contexto del anuncio, ¿cuál es un sinónimo de *déjese llevar?* Seleccione una de las siguientes opciones:

   1. suba al coche

   2. déjese convencer

   3. vaya a Ibiza.

b. Mencione tres rasgos atractivos del coche

c. En los anuncios se usan los mandatos con frecuencia. En éste hay tres. ¿Cuáles son?

ch. En su opinión, ¿a qué público va dirigido el anuncio de Seat?

ESCUCHAR

Escuche ahora el anuncio del Seat Ibiza y tome notas sobre las cuestiones anteriores.
    Luego, contéstelas junto con un colega.

DESPUÉS DE ESCUCHAR

14. LO IMPLÍCITO. Conteste las siguientes preguntas en un grupo de tres personas:

a. ¿Qué tiene en común el formato de los tres anuncios?

b. ¿Cuál es el mensaje principal del anuncio? Es decir, si compra este coche, ...

c. ¿Qué es lo que no dice el anuncio y se deja para que el oyente lo infiera? (por ejemplo, su imagen después de comprar este coche, la modernidad del coche, otros motivos para comprar el coche)

15. ¿QUIÉN COMPRARÁ? En grupos pequeños, inventen un anuncio corto para cada una de las categorías:

a. Un coche para personas mayores de 65 años que viven en zonas rurales

b. Un coche para la mujer joven profesional urbana

c. Una camioneta para una familia con tres niños pequeños

ch. Un *jeep* para una fotógrafa de la naturaleza

DESARROLLAR

LA IMAGEN DEL PRODUCTO

Los anuncios tratan de proyectar una imagen atractiva de un producto, por ejemplo, un carro bonito y moderno, un vaso de leche fresca y fría. Habrá observado que hay diferentes estrategias para impresionar al televidente, por ejemplo:

a. La compañía del detergente Suyo opta por mostrar a un ama de casa de apariencia argentina típica, rodeada de niños en su casa, hablando del producto y mostrando las manchas de chocolate en una camisa. Por supuesto, después de lavarla con Suyo, queda limpísima. Esta es una imagen con la cual se puede identificar al televidente con el consumidor típico.

b. Una mujer linda, con diamantes y un vestido elegante, está tomando café de marca Sabor en su palacio, y está hablando de las cualidades de ese café. Esta es la imagen de lo que el oyente podría ser y tener si usa el producto, un modelo de lo que se aspira ser. También puede representar que el comprador del café puede tener lo que tienen los ricos, sólo por usar dicho producto.

c. Se ve a un cantante famoso cantando un verso de una de sus canciones, y después se lo ve relajándose en su casa, tomando el refresco Kikola. Así se despierta el interés de sus aficionados al oír y hablar del producto a su ídolo, y ver que él también lo toma.

d. Un hombre gordo le cuenta al espectador cómo su amor por el pan Brimbi le ha afectado, mostrando gran sentido del humor, una estrategia muy eficaz para captar el interés del oyente.

16. REUNIÓN EN LA AGENCIA DE PUBLICIDAD. En grupos de cuatro, celebren una reunión para escoger uno de los anuncios.

Comiencen por escoger un(a) gerente de publicidad que dirija la conversación. Cada persona tratará de persuadir al grupo de que escoja el anuncio que a él o a ella le guste. Usen todas las estrategias que han aprendido para dialogar, discutir, convencer y llegar a un acuerdo. Luego, desarrollen el anuncio pensando que va dirigido a dos públicos diferentes, por ejemplo, uno rural y uno urbano.

Para persuadir. Los anuncios para persuadir a alguien de que use un producto tienen que ser sutiles en su formulación y lenguaje porque: a) a nadie le gusta sentirse forzado u obligado a comprar un producto comercial; y b) es más fácil persuadir de una manera indirecta que de una directa. Es mejor no parecer demasiado insistente o agresivo al vender un producto, y ser indirecto en la manera de tratar al cliente. Pero tampoco se puede ser demasiado implícito y hacer que el oyente tenga que pensar mucho para entender el mensaje. La finalidad es alcanzar al oyente típico que quiere ver anuncios atractivos y divertidos.

Dar a entender. Hemos visto que en los anuncios frecuentemente se persuade y convence a través de sugerencias o dando a entender un significado.

Ahora, veamos cómo hacemos esto mismo en nuestra vida diaria. Dejamos que el oyente infiera el mensaje que queremos decir.

17. TRATE DE INFERIR EL MENSAJE. En los ejemplos que aparecen a continuación, trate de inferir el mensaje de la otra persona con un(a) colega.

a. Alguien está en su casa y le dice, "Caramba, ¡qué calor hace aquí!"

b. Le pregunta a su amiga, "¿Será que Benito tiene una nueva enamorada?" y ella le responde, "Veo que hay un coche azul enfrente de su casa cada fin de semana".

c. No sabe si tiene que pagar el hotel en una ciudad que va a visitar o si su jefe va a pagarlo. Le pregunta, "¿Y los hoteles?" Su jefe le contesta, "No son muy caros allí".

Ahora, escriba su propio ejemplo en una hoja de papel y léaselo a un colega para ver si él(ella) puede inferir lo que quiere dar a entender.

Entendemos estos significados porque tenemos experiencia con las normas lingüísticas de la sociedad y de la semiótica. Puesto que las normas lingüísticas del español con respecto al lenguaje indirecto son muy parecidas a las del inglés, gran parte de nuestros conocimientos al respecto se transfiere de una lengua a la otra. Sin embargo, sí existen diferencias; por ejemplo, este anuncio en México de un hombre atractivo, vestido muy elegantemente:

"Hasta que me vestí una [camisa] Manchester, me sentí a gusto".

Lo que quiere decir que hasta el momento en que se puso esta camisa, nunca se había sentido tan a gusto. Lo que se ha eliminado aquí es el elemento negativo, *no*. Pero según una traducción directa, un hablante de inglés entendería lo opuesto del mensaje intencionado.

Dar a entender quiere decir que el hablante no dice lo que quiere decir directamente, sino que cuenta con que el oyente lo entienda todo por el contexto y por su experiencia tanto con la sociedad como con sus normas lingüísticas.

18. ¿QUÉ QUIERE DECIR? Con otro(a) colega, invente maneras de dar a entender las expresiones en cursiva, para suavizar el efecto del mensaje y ser más indirecto:

Ejemplo: Estilo directo:

    F: *¿Quieres que te lleve a tu casa?*

    H: *No, no quiero.*

    Estilo indirecto:

    F: *¿Quieres que te lleve a tu casa?*

    H: *Puedo ir en metro.*

a. F: ¿Por qué no quieres que yo pase mucho tiempo con Felipe?

   H: Porque él es un mentiroso.

b. F: ¿Qué te parece la idea de pasar las vacaciones en Cancún?

   H: No. No aguanto ni el calor ni los turistas.

c. F: Vamos a la pastelería.

   H: No es buena idea porque estás demasiado gordo.

ch. F: ¿Cuándo va a llegar Alejandro?

   H: Siempre llega después de que se acabe la fiesta.

Ahora, invente la respuesta de **H** en el siguiente caso, implicando lo que realmente quiere decir:

d. F: ¿Qué piensas de la clase del profesor Limón?

   H: ...

Como se ve en este ejercicio, no hay una correspondencia directa entre las palabras que se usan y el efecto del mensaje. El contexto y el conocimiento lingüístico del hablante y los oyentes indican lo que el oyente debería inferir del mensaje.

19. MÁS SUTILEZAS. Con un(a) colega, invente tres situaciones como las de la Actividad 18, en las que se dé a entender una opinión con sutileza.

Luego, preséntaselas a la clase, para ver si sus colegas pueden inferir el mensaje.

20. EL MENSAJE INDIRECTO. Vamos a suponer que se dirige a un(a) colega no muy íntimo(a). Exprese los siguientes deseos de manera indirecta.

Ejemplo: Usted piensa: *Quiero que cierres la ventana.*

Usted dice: *¡Qué frío hace aquí en tu casa!*

a. Quiero que me invites a tomar un café.

b. Quiero que me prestes tu libro esta noche.

c. Quiero que votes por mí en vez de que lo hagas por Pablo en las próximas elecciones.

ch. Quiero que me tomes apuntes en el curso del profesor Sánchez.

Lo directo. Hasta ahora, hemos examinado sólo anuncios que expresan su mensaje más o menos indirectamente. Pero no son estos anuncios los únicos que se escuchan en la televisión o la radio. Si el mensaje de un anuncio es negativo —es decir, si la meta es convencer a alguien de que no haga tal cosa— el lenguaje y tono que se usan suelen ser muy directos.

Esto se puede observar en el siguiente anuncio de una campaña contra el tabaco.

En este caso es importante indicar explícitamente el punto principal del anuncio, porque se quiere que el mensaje sea directo.

Philip Morris No Quiere Que Los Jóvenes Fumen

21. UN ANUNCIO DIRECTO. Piense en una serie de cosas que no quiere que los jóvenes hagan o padezcan, tales como tomar drogas, manejar ebrios, infectarse del SIDA o sufrir de bulimia, y escríbalas en una lista.

Intercambie su lista con la de otra persona. Escoja un tema de la lista que le dio la otra persona y escriba un anuncio directo y muy corto. Cuando haya terminado, intercambie su anuncio con una tercera persona y entonces escriba un anuncio indirecto que contraste con el anuncio directo que la otra persona le dio.

Hemos visto cómo se puede convencer y persuadir de varias maneras según el tipo de mensaje y, por supuesto, el tipo de público al que va dirigido.

Algunas frases que tal vez utilice en el habla coloquial están en forma de sugerencias. No se oyen en los anuncios, porque representan una interacción verbal entre el hablante y el oyente. A continuación figuran algunas expresiones que se usan para sugerir:

¿Qué tal/Qué te parece si...

¿Por qué no...

¿No puedes/quieres...

¿No tienes que...

¿No sería mejor...

¿No has pensado en...

Sugiero que...

Me parece mejor si...

Vamos a...

Una cosa que puede observar es que, en las sugerencias interrogativas en español, casi siempre hay que usar el elemento negativo, lo cual no corresponde al uso del inglés. Por ejemplo, en inglés se dice *Can you close the window?* o *Have you thought about asking for more time?* en vez de *Can't you close the window?* o *Haven't you thought about asking for more time?*, lo que suena un poco brusco en inglés. Por otro lado, en español, la frase sin la negativa, como *¿Puedes cerrar la ventana?* forma un pedido en vez de una sugerencia, mientras *¿Has pensado en pedirle una prórroga?* se emplea para ofrecer información. La forma más común de expresar las sugerencias anteriores sería, *¿No puedes...?* o *¿No has pensado...?*

22. ACTIVIDAD EXTRACURRICULAR. Su clase de estudios sociales de la universidad tiene un programa especial para ayudar a los chicos de catorce y dieciséis años a no meterse en líos después de salir del colegio. En equipos de cuatro personas, inventen una actividad extracurricular apropiada para el programa. Uds. van a competir con los otros equipos de la clase; por lo tanto, traten de que su actividad sea la más atractiva de todas. Usen las estrategias que han aprendido para dialogar y para argüir sus puntos de vista. Cuando todos los equipos hayan terminado, hagan una presentación formal ante la clase y traten de persuadir a sus compañeros de que escojan su actividad. Luego, hagan una votación general para elegir la mejor actividad de la clase.

23. Usted como maestro(a). Imagine que usted es maestro(a) en una escuela de estudios secundarios y necesita hablar con los padres de Pedro, uno de sus alumnos. Pedro es muy inteligente pero saca malas notas porque tiene que cuidar a su hermanita durante muchas horas mientras sus padres trabajan. Usted necesita sugerirles, de una manera delicada, que manden a la niña a quedarse con unos parientes para que Pedro pueda dedicarse más a los estudios. Deberá estar preparado(a) para apoyar sus sugerencias con razones por las cuales ellos deban seguirlas.

razones:

sugerencias:

Imagine que un(a) colega de clase es el padre o la madre de Pedro. Comuníquele sus sugerencias.

24. Usted como compañero(a) de casa. Usted comparte un apartamento pequeño con una persona con la que se lleva muy bien, pero que tiene unos hábitos que usted no soporta. Por ejemplo, sólo limpia su cuarto una vez al semestre y rara vez lava los platos después de comer. Usted no quiere que su compañero(a) se enoje ni que se vaya, así que quiere persuadirlo suavemente de que cambie sus hábitos. Para decírselo muy sutilmente, primero déle las razones por las cuales debe cambiar y luego sugiérale cómo cambiar sus hábitos. Dramatice esta situación con otro(a) colega.

Comparar. Muchas veces, para persuadir a otra persona de algo, apoyamos nuestros razonamientos en las cifras o en los hechos. Hay que tener cuidado en organizarlos y presentarlos de la manera más clara y lógica posible. A veces, se hace mediante la comparación o contraste de ideas.

Para comparar dos cosas o personas se buscan las semejanzas entre ellas; para contrastarlas se buscan las diferencias. En los dos casos lo que se quiere vender, o el concepto que apoya usted, tiene que parecer el más deseable entre todas las opciones.

Por ejemplo, lea estos dos anuncios publicitarios. Ambos presentan un detergente, Limpialotodo, al consumidor. En el primero, se compara directamente un detergente con otro. En el segundo anuncio, más indirecto, se contrastan los resultados que se pueden obtener usando el detergente que se anuncia y otro diferente. Observe ambas técnicas publicitarias, y ambos estilos de presentación directo e indirecto.

Anuncio 1

En este primer anuncio se compara el detergente Limpialotodo con un detergente de una marca líder. El detergente conocido no sale bien parado en la comparación, ya que Limpialotodo es muy superior.

Voz de fondo: Presentamos al nuevo Limpialotodo...un detergente como ninguno.

Limpialotodo contiene una lejía[1] superconcentrada que deja la ropa más limpia que ningún otro detergente. Si comparamos Limpialotodo con el detergente líder en el mercado, podemos comprobar que Limpialotodo deja la ropa más blanca, pero también la cuida más. Y esto es porque Limpialotodo, además, contiene suavizante y la nueva substancia colornalina que mantiene cada color en su lugar.

Limpialotodo, más limpieza, colores permanentes, mayor suavidad.

Anuncio 2

Observe cómo en este segundo anuncio publicitario se presentan los magníficos resultados de emplear el producto Limpialotodo, que usa la vecina **A**, junto a los pobres resultados que obtiene la vecina **B**, que emplea otro detergente diferente.

Situación: Dos vecinas están tendiendo la ropa al sol en una azotea[2].

A: *(con admiración y envidia)* ¡Oye! ¡Qué blanca te queda la ropa! ¿Con qué la lavas?

B: *(con satisfacción)* ¿Yo? Siempre con Limpialotodo. Me lo deja todo requeteblanco[3], como ves.

A: ¡Ay, sí! Mi ropa no queda tan blanca. Y eso que yo estaba contenta con la blancura de mi ropa.

B: Eso es porque Limpialotodo tiene lejía incorporada, potente para arrasar[4] con todas las manchas, por muy tenaces que éstas sean.

A: *(escéptica)* Claro, claro, pero, ¿y los colores?

B: *(le muestra una camiseta verde y blanca, con los colores muy bien fijados)* ¿Qué te parece, eh? Le he dado ya ocho lavados.

---

1. un líquido para blanquear la ropa   2. terraza   3. sumamente blanco   4. terminar

Capítulo 8

A: *(muy admirada)* Pues está como nueva. Oye, pues yo a esta camisa (muestra una camisa de colores desteñida[5]) también le he dado ocho lavados y no está tan nueva como la tuya.

B: *(terminante)* Es que Limpialotodo es mejor que ninguno: limpia, cuidando la ropa al mismo tiempo, para que no pierda los colores.

A: *(convencida)* Desde hoy, sólo compraré Limpialotodo.

VOZ DE FONDO: Limpialotodo, ¡el detergente que lo limpia todo!

Algunas de las expresiones que se emplean en estos anuncios, para comparar los dos productos y contrastar sus resultados son:

igual que: igual que los otros

más: más limpieza, más blanca

más/menos que: más delicado que el tuyo

mejor que: mejor que ninguno

tan...como: tan nueva como la tuya

tanto/a/os/as como...

25. PARA SU COLEGA. Con un(a) colega, compare dos cosas (ejemplo: libros, discos) para aconsejarle que compre una de ellas. Después, coméntenle a otra pareja que encontraron unos discos (o libros) muy buenos. ¡Convénzalos para que los compren también!

26. COMPARAR Y CONTRASTAR. Digamos que usted y dos personas más quieren pasar sus vacaciones de primavera en un lugar ideal. Uno de los colegas no tiene preferencias, pero usted y la otra persona tienen pensado ir a dos lugares diferentes. Los dos lugares tienen muy buenas cualidades. Usted quiere convencer a sus dos amigos de que pasen sus vacaciones en uno de ellos.

a. Elabore una lista de las cualidades del lugar que usted prefiere. Quiere convencer a los oyentes, es decir, tiene que ser consciente de lo que ellos quieren. Pensemos en el típico alumno norteamericano de 21 años de edad, que quiere distraerse durante las vacaciones de primavera. ¿Qué cree que le interesa saber?

---

5. sin color

b. Ahora, pensando en este lugar ficticio o verdadero, con un colega, describa estos dos lugares (ver el Capítulo 2 para el vocabulario necesario para describir un lugar). Después, comparen los dos lugares, tomando en cuenta lo que le podría apetecer a un estudiante típico. Sugerimos que comience con las semejanzas y termine con los contrastes. La tercera persona puede tomar apuntes.

	Lugar A	**Lugar B**
1.		
2.		
3.		
4.		
5.		

Punto principal: deberías irte a … porque …

c. El(la) tercer(a) colega decide entre los dos lugares y explica su decisión a la clase, comparando los dos lugares. Compruebe si los otros alumnos están de acuerdo.

Expansión

Antes de leer

Los anuncios que se ven en los periódicos o revistas tratan de persuadir al lector, directa o indirectamente, a comprar un producto o utilizar un servicio. Emplean las estrategias de dar a entender, comparar y contrastar.

27. Una compañía de teléfonos. Muchos latinoamericanos vienen a estudiar o a trabajar a los Estados Unidos, pero sus familias permanecen en sus países de origen. Oír la voz de los seres queridos es maravilloso, pero no siempre es posible: puede salir muy caro, la conexión no siempre es buena o, debido a la diferencia de horas, a veces la mejor hora de llamar es justo cuando uno tiene que trabajar. Aparte de que si uno no habla inglés muy bien, comunicarse con la operadora puede ser un lío. Tomando todo esto en cuenta, ¿qué tipos de servicios querría que le prestara una compañía de teléfonos si fuera un(a) estudiante hispano(a)? Elabore una lista.

LECTURA

Lea ahora el anuncio de AT&T que aparece en la página 167 y después conteste las preguntas que figuran a continuación con un(a) compañero(a).

VOCABULARIO

red   sistema de interconexiones
confiable   algo en lo que uno puede confiar
ahorrar   guardar
a la medida   según

a. ¿Cuál es el mensaje principal?

b. ¿Qué implica el anuncio? (Si hago mis llamadas con AT&T ...)

c. ¿Incluye el anuncio los factores que esperaba de una compañía telefónica?

ch. ¿Cuáles son las ventajas en comparación con otras compañías que menciona el anuncio de AT&T?

DESPUÉS DE LEER

28. ¿ALÓ?   Usted es un(a) estudiante latinoamericano(a) que llama a AT&T para hacer averiguaciones acerca del plan de larga distancia de la compañía. Después de leer el texto de AT&T elabore una lista de preguntas que le gustaría hacerle al(la) operador(a). Luego, en parejas, túrnense para desempeñar los papeles de estudiante y operador(a). Usen sus preguntas y el texto como apoyo, pero no lean, sino que traten de usar sus propias palabras.

29. OTROS MEDIOS DE COMUNICACIÓN.   Su jefe se queja de que la compañía gasta demasiado dinero en llamadas de larga distancia a las sucursales de la compañía en México, Brasil, Venezuela, Colombia y Argentina.

Sugiérale que use otros medios de comunicación como fax o correo electrónico. Para convencerlo, haga una comparación entre el teléfono y estos otros servicios. Hagan el ejercicio en parejas. Primero discutan cuáles son las ventajas de uno y otro servicio, y luego túrnense en los papeles de jefe y empleado(a).

AT&T es su conexión mundial.
Para que usted no se pierda nada.

La conexión que usted necesita para hacer todas sus llamadas de larga distancia.

Sólo AT&T lo conecta a todos los lugares donde usted necesita llamar. AT&T le ofrece la red de larga distancia más rápida y confiable del mundo.

Y con AT&T, usted también puede confiar en que recibirá servicio personal en Español.

Además, encontrará muchas maneras de ahorrar en larga distancia, como con el *Plan AT&T Reach Out® World*, y el *Plan AT&T Reach Out® America*. Llámenos, tenemos un plan a la medida de sus necesidades.

Descubra cómo ahorrar con nuestros planes de llamadas e infórmese sobre otros de nuestros servicios. Llame gratis al **Centro Nacional AT&T**, donde con gusto le atenderemos en Español.
1 800 235-0900, ext. 521

AT&T le da tanto en cada llamada…

AT&T
La mejor decisión.

© 1991, AT&T

Capítulo 8   167

30. **EL HIJO REBELDE.** Piense en esta situación con otro(a) compañero(a). Supongamos que usted es el(la) padre(madre) de un hijo de dieciséis años, que acaba de informarle que ya no quiere asistir a la universidad después de graduarse de la secundaria. Usted cree que su hijo necesita esa educación y trata de convencerlo para que cambie de idea, sin hacerle sentir que está forzado a ir. Puede darle razones fundadas en cifras y hechos o en una comparación entre lo que les sucede a los que asisten y a los que no asisten a la universidad.

razones:

punto principal:

Luego, presente esta conversación ante otra pareja.

31. **UN SALARIO INJUSTO.** Usted no está de acuerdo con la política de su jefe de pagarles el mismo salario a todos los empleados del mismo nivel, porque entonces cree que no están motivados para esforzarse más.

a. Primero, formule sus pensamientos y sugerencias de antemano (con las explicaciones apropiadas) junto con un(a) colega.

b. Luego, comunique sus sugerencias a otro colega, que desempeña el papel de jefe.

32. **UN JUEGO DE PERSUASIÓN.** Hubo un naufragio[1], y usted y otros seis colegas son los únicos sobrevivientes. El problema es que están en un bote con agua y comida únicamente para cinco personas; hay que echar del bote a dos personas. Cada persona se presenta a sí misma como una figura conocida del presente o del pasado (americana o de otro país), hablando de sus cualidades, talentos (verdaderos o inventados), y lo que podría ofrecer al futuro, motivos por los cuales él(ella) considera que debe ser uno(a) de los que se queden en el barco. Cada sobreviviente tiene que persuadir a los otros de que deben dejarlo quedarse allí. Al final, hay un voto secreto y se decide quiénes se quedan y quiénes se van.

---

1. la destrucción de un barco

33. Un anuncio.

a. Si tuviera que preparar un anuncio oral para vender algo (por ejemplo, una bicicleta, unos muebles viejos, una computadora, sus servicios como tutor) a través de un anuncio de la estación de radio de la universidad, ¿qué diría? Primero, con un(a) colega, elabore una lista de las características positivas del objeto.

b. Piense luego con otra persona cómo anunciaría estos objetos. Puede usar uno de los formatos de los anuncios que examinamos antes; es decir, puede simplemente preparar una lista de las características, o presentarlas por medio de otra persona que represente lo que el cliente tal vez desee. Prepare el anuncio para presentárselo a los otros colegas.

¡A PRESENTARSE!

AHORA LE TOCA A USTED

Piense en un asunto del que quiere convencer a sus colegas; por ejemplo, la necesidad de los deportes en la universidad, más becas para los alumnos, una protesta en la librería contra el alto precio de los libros de texto. Emplee cualquiera de los formatos que examinamos antes: comparación o contraste; implicación; presentación directa o indirecta. Use las expresiones estudiadas en el capítulo. Prepárelo de antemano y preséntelo en clase.

PARA MIRAR DE CERCA

Escuche un anuncio de la radio o la televisión hispana en el que se vende algo y otro en que alguien habla en contra de un asunto, y anote los puntos que presenta el hablante para convencer al público. Después, presente los dos anuncios ante la clase.

CAPÍTULO 9

¿QUÉ DICEN LOS HECHOS, LAS FUENTES Y LOS EXPERTOS?

LA EVALUACIÓN OBJETIVA DENTRO DE UN REPORTAJE

Muchas veces escuchamos en los noticieros diversos puntos de vista sobre un tema y es necesario hacer una evaluación objetiva de la información disponible para saber la verdad. Una de las metas de este capítulo es estudiar las estrategias utilizadas por los hispanohablantes para evaluar un tema objetivamente, dentro del contexto de un reportaje.

De las diversas estrategias que vamos a estudiar en este capítulo, las más importantes son la comparación, el contraste y la síntesis. Al comparar, contrastar, y sintetizar los hechos, las fuentes, y las opiniones de los expertos se puede llegar a tener una versión más cercana a la realidad.

La contaminación del medio ambiente, particularmente en la ciudad de México, es un tema bastante estudiado en los reportajes objetivos de organizaciones que luchan para el bienestar ambiental.

El(la) estudiante tendrá la oportunidad de practicar estas estrategias en actividades en las que deberá evaluar objetivamente ciertos problemas del mundo actual: la contaminación del medio ambiente, el nivel de vida de los años 90, la eliminación de programas universitarios, y el desarrollo humano en Centroamérica.

ANTES DE LEER LA CONVERSACIÓN

1. LA EVALUACIÓN OBJETIVA. La evaluación objetiva es una síntesis impersonal de la información disponible después de comparar y contrastar diversas perspectivas, fuentes, estadísticas y hechos. Con un(a) colega, comente las funciones que consideren importantes en una evaluación objetiva.

a. juzgar al oyente y la situación

b. escuchar diversas perspectivas y opiniones de los expertos

c. comparar y contrastar

ch. sintetizar

d. dar razones

e. escuchar los reportajes

f. recomendar

2. UNA LUCHA CONTRA EL MAR. Con un(a) colega lea la siguiente selección y comenten las cuatro razones que da el artículo para explicar la disminución de la pesca en Perú.

"Una lucha contra el mar"

Perú ha sido dotado[1] por la naturaleza de una extraordinaria riqueza en reservas naturales, incluyendo bosques, pesca, y la legendaria riqueza mineral del oro, la plata, así como el cinc, el cobre, el hierro y el plomo.

Anteriormente a 1982 Perú era uno de los países que más grandes ganancias obtenía de la pesca, pero ese mismo año, el fenómeno climatológico llamado "El Niño" trastornó[2] el comportamiento natural de las corrientes periódicas que llevaban los grandes bancos de peces. Desde entonces, el volumen de pesca nunca se ha podido recuperar. Este cambio climatológico que es debido, según los especialistas, al recalentamiento de la Tierra y viene a sumarse a los problemas socio-económicos que ha vivido el país en la década pasada, ha perjudicado[3] considerablemente la infraestructura pesquera del país. Por otra parte,

---

1. con cierta propiedad o cualidad ventajosa   2. inquietar, perturbar, causar disturbios
3. ocasionar daño

la excesiva pesca por parte de los barcos pesqueros de bandera peruana, así como de los pesqueros de bandera extranjera, han reducido las probabilidades de recuperación de los otrora ricos bancos de anchoas[4].

Este problema de agotamiento[5] está también relacionado con el preocupante problema de la contaminación de las costas como resultado del extenso tráfico de embarcaciones pesqueras y, sobre todo, por efecto de los desperdicios[6] tanto de la industria local como de las principales ciudades peruanas, ya que la mayor parte de la población del país vive en la costa del Pacífico.

LEER LA CONVERSACIÓN

Ahora, vamos a leer otra perspectiva sobre la disminución de la pesca. Lea la conversación entre Sara y Eduardo y después conteste las preguntas con un(a) colega.

EDUARDO: A mi juicio, creo que los gobiernos siempre han visto o han favorecido el desarrollo de la costa. A partir de los años 50 se ha litoralizado la población; es decir, en el litoral, en la costa, ha habido crecimiento en una forma exagerada. Uno de los casos más importantes es Chimbote. Chimbote antes del "boom" de la pesca tenía aproximadamente 20.000 habitantes. En Chimbote y en toda la costa se crearon alrededor de setenta u ochenta fábricas de harina de pescado y de aceite de pescado. Perú fue el primer país en establecer una industria pesquera, el primero que fabricó harina y aceite de pescado.

SARA: Sí, me acuerdo del olor, un olor terrible llegaba a Lima desde todas esas fábricas.

EDUARDO: Así es. Entonces, esa industria, la industria de la pesca, requería mano de obra. Pero esa mano de obra[7] vino barata de la sierra; creció la industria, pero una vez que empezó la crisis económica a partir de los años 80, las fábricas se cerraron. Las industrias empezaron a trasladarse[8] hacia el sur, a Chile. La gente que no tenía posibilidad de emigrar a otra zona se quedó allí con problemas sociales, económicos y de trabajo.

---

4. un tipo de peces   5. acción y efecto de gastar o consumir   6. residuos o cosas que no se pueden aprovechar   7. trabajadores que realizan labores manuales   8. ir de un lugar a otro

Después de leer la conversación

3. Comparación y contraste. Con un(a) colega, compare y contraste la conversación entre Sara y Eduardo con el artículo "Una lucha contra el mar".

a. ¿Qué problema principal plantea el primer artículo? ¿Es diferente del problema que plantean Eduardo y Sara en su conversación? Razone su respuesta.

b. Ambos textos hablan de la disminución de la industria de la pesca pero dan diferentes razones para explicarla. Comente estas diferencias.

c. Explique por qué es importante examinar varias fuentes de información antes de hacer una evaluación objetiva. Ponga como ejemplo la presentación de la información de estos dos textos.

En el artículo "Una lucha contra el mar" y en la conversación entre Sara y Eduardo podemos ver lo importante que es en una evaluación objetiva tomar en cuenta varias perspectivas. Ahora, vamos a escuchar una selección del programa hispano *Portada*, del canal de televisión Univisión. En este programa se presenta un reportaje sobre el problema de la contaminación del pescado y los riesgos que supone para la salud pública.

La contaminación de la pesca

Primera Parte

Antes de escuchar

4. Salir de pesca. Con un(a) colega, lea el artículo siguiente y después comenten:

a. el problema que plantea el artículo

b. la relación entre este texto y los otros que acaban de leer ("Una lucha contra el mar" y la conversación) en términos de las diferentes perspectivas desde las que enfocan el problema.

Después, sintetice las dos perspectivas y coméntelas con su colega.

SHARON KANON
"Salir de pesca"

Barcos rojos, amarillos y azules en el ocaso, aves marinas que se precipitan a las resplandecientes aguas de las lagunas artificiales, el aroma de pescados asándose al carbón, suaves brisas del mar —todas tentadoras atracciones para los amantes de la pesca. Todo esto se ofrece en las piscinas de agua dulce en el Parque de Pesca del Kibutz Maayán Zvi, ubicado en la costa del Carmel. La gran atracción de las piscinas es que están bien aprovisionadas de peces, mejorando así enormemente las posibilidades tanto del pescador experto como de aquél que intenta por primera vez. La posibilidad de la pesca en la que "casi no se puede fallar" está creciendo rápidamente en Israel.

Maayán Zvi, el mayor productor de pescado para el mercado comercial en Israel, cría y vende peces desde hace más de cuarenta años. Hace tres años, el Kibutz decidió abrir dos piscinas para deportes y esparcimiento de vacaciones. Una se llena con carpas, y la otra con peces San Pedro.

Pescar para la cena es un deporte y una actividad de tiempo libre que está entrando en todo el mundo como una forma de escapar de nuestra fatigosa era moderna.

En Israel, la pesca en lagunas es estrictamente una actividad al aire libre y del tipo de "hágalo usted mismo". Hay más de una docena de empresas de este tipo repartidas por la zona central y norte del país. La mayoría de ellas ofrecen equipo para la venta o para alquilar cañas[1], avíos[2] de pescar, cebos[3], mesas para limpiar el pescado, parrillas[4] y mesas para picnic. Después de pagar un precio mínimo por la entrada, los pescadores pueden probar suerte cuantas horas quieran. No hay límite para la cantidad de peces que uno puede pescar, sin embargo, el pescador afortunado debe pagar por kilo, aunque menos que el precio en el mercado.

"No cabe duda que la creciente contaminación en el mar ha matado a los peces y nos ha beneficiado a nosotros", dice Igal Nusbaum, administrador del parque Maayán Zvi. "Una de las mayores ventajas de la pesca en piscinas es que el agua no está contaminada. Los peces crecen en plancton, la vida orgánica que crece en las piscinas". Los peces son criados hasta tamaño de mercado (por lo menos un kilo) en las piscinas regulares del Kibutz antes de ser traspasados a las lagunas de recreación.

A continuación va a escuchar un reportaje sobre la contaminación de la pesca, del programa de televisión *Portada*. En este reportaje se citan las fuentes de información y las estadísticas para ayudar al oyente a hacer una evaluación objetiva del tema.

PALABRAS QUE VA A ESCUCHAR

desechos industriales   cosas que resultan inútiles para las industrias

rastros de químicos, como el DDT   los vestigios que quedan de químicos

desperdicios tóxicos   residuos que no se pueden aprovechar

almejas   moluscos de valvas casi ovales

atún   pez cuya carne, tanto fresca como salada, es de gusto agradable

tiburón   pez grande con boca armada de seis filas de dientes

pez espada   pez con la mandíbula superior en forma de espada con dos cortes

malformaciones   deformaciones

mujeres embarazadas   mujeres preñadas

---

1. cañas de pescar   2. materiales que se usan para recoger peces del mar   3. comida que se da a los peces para atraerlos   4. utensilio de cocina, de hierro, para poner a la lumbre lo que se ha de asar o tostar

ESCUCHAR

Escuche la primera parte de este programa sobre la contaminación de la pesca y preste atención a cuáles son las fuentes de información mencionadas y lo que dicen sobre el problema de la contaminación del pescado.

5. ¿QUÉ DICEN LAS FUENTES Y LOS EXPERTOS? Uno de los recursos para realizar un reportaje objetivo es acudir a diversas fuentes de información y las opiniones de los expertos en la materia. Complete la siguiente información:

a. El doctor Alberto Wilches mantiene que…

b. La organización Voz Pública nos informa que…

c. El gobierno del estado de California prohíbe que…

ch. Estelle Labrado dice que…

6. LA EVALUACIÓN OBJETIVA Y LA IMPERSONALIDAD. En un reportaje se crea un efecto de objetividad y, por lo tanto, de credibilidad. Escuche esta primera parte de nuevo y conteste las preguntas con un(a) colega:

a. ¿Cuándo puede contaminarse el pescado?

b. ¿Qué se ha comprobado con el mercurio?

c. ¿Cuál es la consecuencia de que haya tantos desechos industriales y desperdicios tóxicos?

ch. ¿Dónde se han encontrado químicos y pesticidas?

DESPUÉS DE ESCUCHAR

7. LA TOXIFOBIA. Con un(a) colega lea la siguiente selección que trata sobre la toxifobia, un efecto producido por la contaminación del medio ambiente. Después, con su colega, sintetice todos los textos que ha leído hasta ahora sobre los efectos producidos por la contaminación y prepare un pequeño reportaje sobre este tema.

"Toxifobia: Un nuevo mal de nuestra época"

¿QUÉ ES LA TOXIFOBIA?

Todos podemos abusar de las cosas buenas, incluyendo las que contribuyen a una buena salud. Los corredores pueden volverse adictos a la excitación que produce una carrera; las personas que viven a dieta pueden caer víctimas de la bulimia; los nadadores pueden llegar a sufrir anorexia, en su afán de no subir de peso. Y los aficionados exagerados a la vida saludable pueden volverse víctimas de la toxifobia.

Este nuevo mal es el excesivo temor a los riesgos que entraña la compleja vida moderna. Es dar excesiva importancia, o tomar demasiado en serio, los artículos alarmistas sobre la contaminación ambiental, los peligros de los preservadores de alimentos, los microbios y bacterias que puede haber en el agua y la comida. Es verdad que todos esos riesgos existen, pero nuestro organismo es lo bastante eficiente y sabio como para protegerse de ellos la mayor parte del tiempo.

La contaminación de la pesca (continuación)

SEGUNDA PARTE

ANTES DE ESCUCHAR

8. **OTRA PERSPECTIVA ECOLÓGICA.** Con un(a) colega, lea la siguiente selección y después compare y contraste las razones presentadas en esta selección a favor de la disminución pesquera con las razones presentadas en los otros textos.

"Conciencia mundial sobre la extinción de los animales"

Mostafá Tolba, director del Programa Ambiental de la ONU, pide que el mundo tome conciencia del hecho de que muchas plantas, animales superiores, insectos y otras especies están extinguiéndose de una manera tan acelerada, que el mundo que nos rodea cambia cada día que pasa. "Si Darwin viviera hoy, probablemente su labor se concentraría, no en determinar el origen de las especies, sino en redactar el obituario de muchas de ellas", sostiene Tolba. Los expertos de más de cien países, reunidos bajo el patrocinio del Programa Ambiental de la ONU, para tratar del modo de proteger la diversidad biológica de la Tierra, se encaminó a elaborar un tratado mundial que ya ha sido aprobado por la llamada "Cumbre de la Tierra", celebrada en Río de Janeiro, en junio de 1992. El objetivo fundamental del tratado es proteger a millones de especies por su valor intrínseco y por su valor potencial para la humanidad como fuente de medicamentos y alimentos. "Cada día que pasa perdemos entre cincuenta y ciento cincuenta especies en su hábitat natural, sin saber nada de sus usos potenciales en relación con la salud humana", declaró al final de la reunión el microbiólogo egipcio Mostafá Tolba. "Estamos tratando de hallar curas para enfermedades terribles y cualquier especie determinada podría tener el potencial para ayudarnos a curarlas. Al mismo tiempo, una nueva conciencia sobre el mejoramiento de las condiciones ambientales se está desarrollando en los países latinoamericanos. Brasil ha creado recientemente nuevas reservas ecológicas para preservar 49.400 Km^2 de bosques tropicales vírgenes y conservar la cultura de los santuarios de los indígenas brasileños. En Centroamérica y el Caribe se están buscando nuevas formas de cooperación para no destruir el equilibrio ecológico de la cuenca del Caribe, que se encuentra en serio peligro, por el intenso tráfico de los buques petroleros, la sobreexplotación pesquera, el vertedero de los desechos industriales, la destrucción de los bosques y la erosión de las tierras.

En la segunda parte de la conversación se habla de los estándares de la industria pesquera. Observe cómo, además de presentar perspectivas, fuentes y estadísticas sobre este tema, el reportero hace al final del comentario una síntesis de toda la información disponible.

9. ¿EXISTE UN ESTÁNDAR ADECUADO?
En el reportaje se examinan las siguientes posturas con respecto a esta cuestión.

- la actitud del Gobierno (Estelle Labrado)

- la actitud de las plantas procesadoras (Bob Stillwell; Ido Adler)

- la actitud de la profesión médica (Alberto Wilches)

ESCUCHAR

Escuche la segunda parte de la cinta y tome apuntes sobre las diversas posturas con respecto a la cuestione anterior.
   Luego, coméntelas con un(a) colega.

10. **Volviendo al uso de las estadísticas, hechos y razones en un comentario.** El uso de estadísticas aumenta la credibilidad de un comentario. En los artículos presentados, se emplean estadísticas, hechos y razones para presentar la información en una forma verídica y para persuadir al oyente de la gravedad del problema. Escuche la segunda parte de la cinta de nuevo y tome nota de las estadísticas, razones y hechos que apoyan la afirmación de que el pescado está contaminado por pesticidas y químicos.

Después de escuchar

11. **Las recomendaciones.** ¿Supone la contaminación del pescado un riesgo para la salud pública? Al final de un reportaje muchas veces el reportero da las recomendaciones finales después de tomar en cuenta todos los datos disponibles. Después de escuchar la presentación de los datos, las razones, y las perspectivas de ambas partes de la conversación en la cinta, converse con un(a) colega sobre las recomendaciones apropiadas que se pueden presentar al público (temperatura, manera de cocinar, cantidad de pescado que se debe comer). Presenten estas recomendaciones a otro grupo en un pequeño reportaje, usando un lenguaje impersonal y explicando los motivos por los que deben seguir estas recomendaciones.

Desarrollar

12. **El nivel de vida en los años 90.** Imagine que usted y su colega tienen que hacer una presentación oral sobre el nivel de vida en los años 90 para la clase de economía. Comparen y contrasten las siguientes estadísticas. Después, presenten su evaluación objetiva a otros dos colegas, sintetizando las dos perspectivas y usando un lenguaje impersonal.

Estadísticas:

El analista

- el índice de precios al consumidor mantiene que los precios subieron el 4%

- este índice no relaciona los precios con los sueldos

- el índice no mide suficientemente el impacto de los gastos familiares

El consumidor

- los costos de servicios de salud han subido el 82%

- el costo de la educación universitaria ha subido más del 100%

- los sueldos no han subido desde 1973

La familia típica tiene que trabajar más para mantener el estilo de vida al que está acostumbrada.

13. **LA ELIMINACIÓN DE LOS PROGRAMAS UNIVERSITARIOS.** Imagine que su universidad está eliminando algunos programas para reducir los costos administrativos. Planean eliminar los programas de antropología, filosofía y alemán. En cada uno de estos programas se gradúa menos del 1% de la población estudiantil y consume del 2 al 5% de los costos administrativos.

La eliminación de estos programas puede ahorrar hasta el 15% del presupuesto y afectaría solamente al 3% de todos los graduados. Con un(a) colega, prepare una evaluación objetiva para una conferencia pública sobre si los programas universitarios deben ser eliminados o no, comentando la cuestión de la integridad académica. También, comparen y contrasten tres diferentes perspectivas: las de un(a) estudiante, un(a) profesor(a), y un(a) administrador(a). Después, presenten su evaluación a otros dos colegas.

La cuestión de la integridad académica

a. El programa de alemán tiene solamente un profesor, pero se está planeando ampliar el programa con cursos en el extranjero.

b. Solamente hay tres profesores de tiempo completo en el departamento de filosofía. Sin embargo, el departamento sostiene que es suficiente, pues los profesores tienen preparación en diversos campos.

c. La universidad no va a reemplazar dos empleos de profesores que fueron eliminadas del programa de antropología hace cinco años. Sin embargo, la facultad sostiene que estos dos profesores nunca enseñaron muchos cursos en el programa de antropología y que los profesores actuales pueden ofrecer un programa íntegro sin necesidad de reemplazar a los anteriores.

14. EL DESARROLLO HUMANO EN CENTROAMÉRICA. Consideren el problema del desarrollo humano en Centroamérica. Reúnanse en grupos de dos personas y comparen y contrasten cuidadosamente las diferentes perspectivas y las estadísticas, razones y hechos que las apoyan. Después, preparen una evaluación objetiva de este problema y preséntenla a otros dos colegas.

VOCABULARIO

destinar   ordenar o determinar una cosa para algún fin o efecto

gasto   acción de expender o emplear el dinero en una cosa

suministro   acción y efecto de proveer

compromiso   acción y efecto de mediar la solución de algún desacuerdo, pleito, etc.

recursos   bienes, medios de subsistencia

a. La perspectiva de Roberto Sánchez, delegado de PNUD (Programa de las Naciones Unidas para el Desarrollo).

- Sólo se destinan 10 centavos por cada dólar de las contribuciones de los organismos internacionales a los programas relacionados con las necesidades básicas del desarrollo humano y social.

- Tenemos que invertir en los niños; así invertiremos en nuestro porvenir.

- Los niveles de pobreza en Centroamérica son deprimentes:

   Honduras: 55%

   El Salvador: 45%

   Guatemala: 30%

   Nicaragua: 40%

- 95.000 niños mueren anualmente en Centroamérica, en su mayor parte por enfermedades que podrían ser prevenidas (diarreicas, respiratorias)

b. La perspectiva de María Molina, delegada de UNICEF.

- 950.000 niños murieron en Centroamérica durante la pasada década. Esta cifra es superior a la cantidad de personas que murieron en conflictos armados en la región.

- En Honduras y en El Salvador el 75% de la población no sabe leer ni escribir.

- La desmilitarización es crítica para reorientar los presupuestos hacia los servicios sociales.

c. La perspectiva de Natalia Mignolo, administradora de PNUD en Nueva York

- Existen demasiados ejemplos de recursos desperdiciados y oportunidades perdidas: crecientes gastos militares, empresas públicas ineficientes, una creciente fuga de capitales y una extensa corrupción.

- Los gastos destinados a programas sociales, como la educación básica, el cuidado primario de la salud, el suministro de agua potable, el subsidio de alimentos y la seguridad social, son generalmente menos de una cuarta parte del presupuesto público total.

- Los organismos internacionales han favorecido tradicionalmente a las elites en el poder. Es necesario que estos organismos destinen fondos a la población más necesitada.

Expansión

Las siguientes selecciones tratan sobre el peligro que corre el medio ambiente y cómo esto afecta la vida humana.

Deforestación en la Selva del Amazonas.

"El paraíso perdido"

La deforestación y la pérdida de la fertilidad del suelo son los mayores problemas ambientales que afronta Venezuela. En el país se destruyó un promedio de 2.589 km^2 de bosques durante la década de 1980 pese a que los venezolanos cuentan con 44.000 km^2 en zonas protegidas, una de las mayores superficies de América.

En la región de los llanos ha habido un exceso de pastoreo y su suelo se ha degradado a tal punto que la tierra tiende a sufrir de erosión.

La contaminación de los dos lagos más importantes de Venezuela (lagos Maracaibo y Valencia) constituyen un serio problema. El Lago Maracaibo es contaminado por los desechos industriales y urbanos que van a sus aguas, así como por los derrames y desperdicios del petróleo que se extraen de él. Por su parte, el Lago Valencia se ha visto afectado por la extracción de aguas para usos agrícolas e industriales, las aguas negras de sus pobladores circunvecinos son las únicas que alimentan el nivel del lago.

"Todos contra la naturaleza"

Chile tiene un suelo favorable para bosques y una industria forestal que se ha desarrollado fuertemente y que ha sido elemento importante en el sistema económico del país. Las exportaciones de productos madereros y afines constituyen poco más del 10% de las exportaciones del país y, como consecuencia, la deforestación está creciendo rápidamente. Los bosques naturales han sido talados para cultivar pino, causa del gran desarrollo de la industria maderera. Pero el mal empleo de la tierra y de los bosques sólo conduce a la erosión de la tierra, la pérdida de la biodiversidad y a la contaminación del agua. Sin embargo, se han desarrollado algunos planes para estimular la reforestación.

Pero los problemas de Chile no se limitan a la industria maderera. Los sectores minero y pesquero contribuyen en gran medida a los problemas ambientales. Las pocas reservas de agua dulce del país tienen que ser repartidas entre las grandes industrias y la gran ciudad de Santiago.

ANTES DE LEER

15. LOS PROBLEMAS DEL MEDIO AMBIENTE. Con un(a) colega, lea estas selecciones. Después, evalúe la gravedad de los siguientes problemas y la posibilidad de poner en práctica algunas de las soluciones mencionadas.

Apoye su evaluación con fuentes, razones y opiniones de los expertos.

Problemas

- la pobreza como un factor en el deterioro del medio ambiente

Consecuencias de este problema

- la extinción de los animales
- la deforestación

Soluciones para estos problemas

- asistencia financiera a los países en desarrollo
- las naciones industrializadas y su obligación de pagar una deuda ecológica
- la transferencia de tecnología

Lectura

16. LA VIDA. Lea el siguiente artículo del *Almanaque Mundial 1993*, y después conteste las preguntas.

"La Vida"

Las especies biológicas del planeta se exponen a perecer[1] si la que está dotada de mayor capacidad intelectual persiste en sus errores.

El hombre destruye ecosistemas complejos del reino animal como son los arrecifes[2] coralinos. Formados en los mares cálidos, en ellos conviven también especies vegetales, los organismos productores (algas[3] superiores y fitoplancton), además de los organismos consumidores (crustáceos, moluscos, peces, etc.). Las bacterias, por su parte, actúan como descomponedoras[4] para renovar todo el ecosistema. Aunque de gran estabilidad y renovación, la contaminación les ataca hasta la extinción. Casi un 70% de las líneas costeras tropicales de la tierra están dominadas por manglares[5]. Como los corales, tienen una función utilitaria realmente valiosa al actuar como filtros de impurezas terrestres y barreras antierosivas, pero a pesar de ello muchos los consideran terrenos pobres e inútiles.

Con este errado criterio se destruyen plantas de enorme utilidad ecológica. Sólo en el estado de Florida, EU, se han perdido cerca de 10.000 Ha[6] de manglares a causa

---

1. acabar, terminar, dejar de existir   2. banco o bajío casi a flor de agua   3. nombre de ciertas plantas celulares acuáticas de consistencia gelatinosa con tallos en figura de cintas o filamentos   4. algo que separa o aísla las diversas partes que forman un compuesto   5. tipo de arbusto   6. hectárea

del dragado y de los proyectos de urbanización, lo que ha obligado[7] a establecer regulaciones para protegerlos. Las hojas del mangle son descompuestas por microorganismos que inician así la cadena alimentaria de un importante segmento de la comunidad acuática del trópico.

En la actualidad ha desaparecido el 85% de los bosques de África, el 70% de los de Asia y el 50% de los de Latinoamérica. La deforestación ocurre por efecto de la lluvia ácida, de las prácticas agrícolas erróneas y de la tala[8], muchas veces realizada en nombre del desarrollo y del progreso. Cada año son cortadas entre 11 millones y 15 millones de Ha de bosques en el mundo. Casos notorios son los de Brasil donde se destruye la selva para extender las vías de comunicación, o para habilitar terrenos para la agricultura, y Malasia, principal exportador de madera tropical. Para el año 2000 se habrá extinguido el 50% de las plantas y las especies animales.

Directa o indirectamente el hombre se ha convertido en el peor enemigo de los animales. La caza excesiva causa considerables bajas en el número de ejemplares; de otro lado, la destrucción del hábitat natural arruina las probabilidades de reproducción. Pero la acción humana incluye también la intro-

DEFORESTACIÓN EN SIETE PAÍSES SELECCIONADOS

País	Abiertos[1]	(miles Ha) Cerrados[2]	Año del cálculo	(miles Ha/año)	Área total (% anual)
Brasil	157.002	337249	1989-90	1380[3]	n.d.
Costa Rica	159	1637	1973-89	42	0,93
Gabón	74	20500	1981-85	14	0,04
Indonesia	3.000	113896	1982-90	1.000	0,36
México	2.099	46250	1981-85	615	0,53
Filipinas	n.d.	950	1980-87	150	0,65
Zaire	105751	71841	1981-85	369	0,08

(1) Las selvas y bosques abiertos son aquellos que se entremezclan con herbazales. (2) Las selvas y bosques cerrados son aquellos cuyos árboles cubren gran parte del terreno y las hierbas no ocupan extensiones continuas. (3) Sólo la zona amazónica autorizada.
Fuente: World Resources Institute, FAO y otras.

---

7. excavado y limpiado con una máquina los puertos de mar, los ríos, etc.   8. acción y efecto de destruir, arruinar, o cortar por el pie masas de árboles

ducción de especies depredadoras o competidoras por los limitados medios de subsistencia, la contaminación del entorno con sustancias y objetos peligrosos, el uso de avíos[9] de pesca que no discriminan su presa, el comercio incontrolado de especies y otros. En este sentido, son notorios los casos de cientos de delfines atrapados y muertos en las redes de los pescadores de atún y la alarmante disminución en el número de ejemplares de la fauna africana, especialmente el elefante y el rinoceronte negro. Aunque muchos gobiernos regulan algunas de las prácticas anteriores, queda mucho por hacer.

Hoy existe en casi todos los países del mundo algún animal en peligro de extinción. El número total de especies que aparecen en el 1990 *IUCN Red List of Threatened Animals* ('Lista roja de animales amenazados de la Unión Internacional para la Conservación de la Naturaleza y los Recursos Naturales') sobrepasa los 5.000, entre ellos 698 mamíferos, 1.047 aves, 191 reptiles, 63 anfibios, 762 peces y 2.250 invertebrados. La creación de zonas protegidas para la vida silvestre es una de las medidas necesarias para garantizar la biodiversidad y la conservación del medio ambiente. Hoy existen más de 3.000 de estas zonas en

ZONAS CRÍTICAS DEL MUNDO POR LA DESTRUCCIÓN DE LA PLUVISILVA

Área	Extensión selva orig. (mill. Ha)	Extensión selva actual (mill. Ha)	Especies botán. en selva original (núm.)	Especies endém. en selva original (número)	(%)[5]
Madagascar	6,19	1,01	6.000	4900	82
Selva del Atlántico, Brasil	99,9	1,98	10.000	5.000	50
O[1] de Ecuador	2,7	0,2	10.000	2500	25
Chocó colombiano	9,9	7,2	10.000	2500	25
Tierras altas O amazónico	9,9	3,5	10.000	2500	25
E[2] del Himalaya	33,9	5,3	9.000	3500	39
Malasia peninsular	11,9	2,6	8500	2400	28
N[3] de Borneo	18,9	6,4	9.000	3500	39
Filipinas	25,0	0,8	8500	3700	44
Nueva Caledonia	1,5	0,2	1580	1400	89
Total	**220,3**	**29,2**	n.d.[4]	34400	13,8

(1) Oeste (2) Este (3) Norte (4) Porcentaje de la flora exclusiva de cada región; la última línea (13,8%) indica el porcentaje de la flora endémica de estas diez regiones con respecto a la del mundo. (5) No es apropiado totalizar estas cifras por el traslape de algunas zonas, especialmente en Borneo, la Malasia peninsular y las Filipinas.

---

9. materiales que se usan para recoger peces del mar

Capítulo 9 187

todo el mundo, pero la calidad de su administración no es siempre la mejor. Muchas carecen[10] de adecuada vigilancia o permiten actividades perjudiciales[11]. Más de la mitad de los elefantes de África murieron en la década del 80, principalmente a manos de cazadores furtivos en zonas nominalmente protegidas. El turismo en estos lugares, siempre que se limite en número y recorrido, es incluso deseable por su valor educacional y por su contribución económica al mantenimiento de las instalaciones. El desequilibrio ambiental reduce la precipitación pluvial[12] y motiva las sequías. Unos 15 millones de personas mueren de hambre cada año, gran parte en África. Etiopía, uno de los países afectados, estaba cubierto de bosques en un 40% antes de la II Guerra Mundial, hoy apenas en un 4%. Se estima que para el año 2000 la hambruna[13] afectará a unos 130 millones de personas en la zona subsahariana.

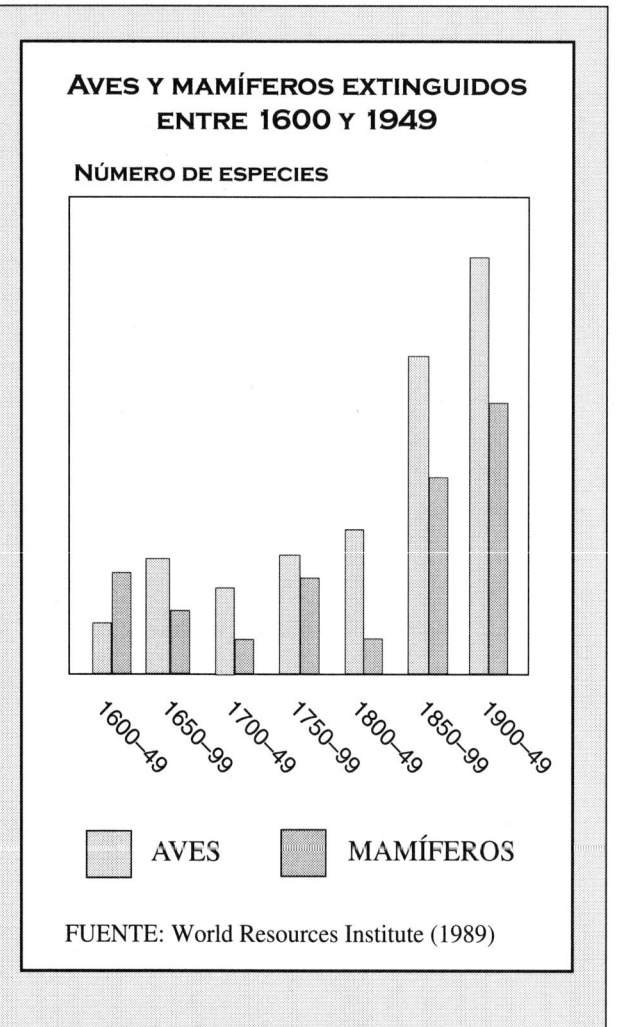

AVES Y MAMÍFEROS EXTINGUIDOS ENTRE 1600 Y 1949

NÚMERO DE ESPECIES

1600–49, 1650–99, 1700–49, 1750–99, 1800–49, 1850–99, 1900–49

☐ AVES   ▨ MAMÍFEROS

FUENTE: World Resources Institute (1989)

---

10. no tener   11. algo que ocasiona daño a alguien   12. de lluvia   13. hambre grande o extrema

a. ¿Por qué es un problema la extinción de los arrecifes coralinos?

b. ¿Qué efecto tiene la destrucción de los manglares sobre el medio ambiente?

c. ¿Qué estadísticas presenta el artículo para apoyar el punto de vista de que el medio ambiente se está deteriorando?

¿Qué dicen los hechos, las fuentes y los expertos?

ch. ¿Protegen los gobiernos el medio ambiente? Razone su respuesta usando estadísticas y argumentos del artículo para apoyar su punto de vista.

d. ¿Qué efecto tiene la destrucción del medio ambiente sobre el ser humano? Razone su respuesta usando estadísticas y argumentos del artículo para apoyar su punto de vista.

e. Compare y contraste esta selección con la información ofrecida en la cinta que acaba de escuchar. ¿Qué estrategias diferentes emplean ambas selecciones? ¿En qué se diferencian los dos textos?

¡A PRESENTARSE!

AHORA LE TOCA A UD.

A. Prepare una evaluación objetiva sobre el problema del agotamiento de los recursos naturales. Con dos colegas, repase la conversación entre Eduardo y Sara, las dos secciones del reportaje de *Portada*, y todas las lecturas relacionadas con el medio ambiente. Preparen un bosquejo de todas las perspectivas, los hechos, las fuentes, las estadísticas, las opiniones de los expertos y los puntos principales de cada texto.

B. Después, presenten su reportaje a otro grupo empleando lenguaje impersonal. Les proponemos que incluyan los siguientes elementos:

1. una selección de hechos, fuentes, y estadísticas que apoyen su evaluación

2. varias perspectivas

3. comparación y contraste de diversos comentarios y de los hechos que los apoyan

4. una síntesis que incluya los puntos principales

5. proposiciones para solucionar el problema en el futuro

PARA MIRAR DE CERCA

Busque en la televisión hispánica otro reportaje sobre un tema de interés público. Prepare un informe para la clase en el que analice el problema presentado, las posturas adoptadas, los argumentos dados, las estadísticas, el lenguaje utilizado y el tipo de audiencia a la que está dirigido el programa. Incluya una evaluación objetiva del reportaje.

CAPÍTULO 10

¿CUÁL ES SU PUNTO DE VISTA?

LA EVALUACIÓN SUBJETIVA EN UNA DISCUSIÓN POLÍTICA

Muchas veces tenemos opiniones encontradas sobre las decisiones políticas, tomadas por los líderes de nuestra nación, lo que nos lleva a mantener discusiones sobre las relaciones internacionales entre los Estados Unidos y otros países, y sobre cuestiones internas. Una de las metas de este capítulo es estudiar cómo evaluar subjetivamente un tema, evaluándolo según nuestros propios intereses. Otra meta de este capítulo es estudiar diversas estrategias empleadas por los hispanohablantes para convencer al oyente de que su evaluación subjetiva es válida y justificada, como por ejemplo: contar anécdotas, presentar un contexto, comparar y contrastar, criticar, dar razones, y rebatir opiniones de otras personas. El estudiante tendrá la oportunidad de practicar estas estrategias en actividades en las que desarrollará su punto de vista sobre cuestiones como si el tratado de libre comercio entre México y los Estados Unidos defiende los derechos de los trabajadores; si cierto comerciante fue responsable de un conflicto internacional; si es ético tener parques zoológicos; si se puede definir como familia a una madre soltera y su hijo; si las guarderías deben ser proporcionadas por el Gobierno o no; si debemos tener cárceles, y si se puede hablar de crímenes radiactivos.

Las manifestaciones políticas pueden originar distintos criterios de opiniones.

ANTES DE LEER LA CONVERSACIÓN

1. LA EVALUACIÓN SUBJETIVA. En una evaluación subjetiva un individuo emplea los hechos, las razones y las estadísticas para informarse sobre un asunto e interpretarlo desde su punto de vista. Los intereses y las experiencias personales influyen en la manera en que se interpretan los hechos. Con un(a) colega, comente las estrategias que consideran importantes en la evaluación subjetiva.

Piensen en un contexto específico para cada estrategia.

criticar	mostrar un contexto
defenderse	presentar una posición
convencer	contar anécdotas
rebatir	acusar
recomendar	apoyarse

LEER LA CONVERSACIÓN

A continuación vamos a leer una evaluación subjetiva sobre por qué el gobierno de Perú no ha hecho nada por los trabajadores de provincias.

Una estrategia empleada por los interlocutores es contar anécdotas para convencer al oyente de la validez de esta evaluación.

SARA: Yo me pregunto, sabes, ahora que hablamos, que no se ha hecho nada, ¿qué han hecho todos los representantes del congreso que venían de provincias de la sierra? ¿Qué mecanismo de nuestro gobierno impide que ellos, a pesar de estar en el Congreso no logren que se haga algo por su provincia? ¿Qué es lo que ha pasado?

EDUARDO: Bueno, esto es una larga historia. Como suele suceder en países como el nuestro, originalmente "los representantes" de los pueblos eran los grandes terratenientes, de modo que peleaban por sus intereses y no por sus pueblos, y las leyes que se han hecho en el país, a través del Congreso, precisamente se han escrito favoreciendo a este grupo de gente, a la elite.

Creo que eso ha cambiado un poco a partir de los años 60 ó 70 más o menos, cuando ha habido un movimiento campesino en el país, quizás con mayor fuerza en la zona andina, en las altas regiones, en el sector de la sierra central, en Moncay o en Puig, donde había mucha reivindicación[1] de la propiedad[2] de la tierra. De modo que ha habido ya representantes de este sector de la población. Yo recuerdo muy bien el Congreso Constituyente de 1972, este...hubo gente muy popular; por ejemplo, cantantes, futbolistas que representaban el sector popular. Desde luego, ellos no estaban suficientemente capacitados para poder, digamos, recoger los problemas de su pueblo, de las injusticias sociales...pero fue un primer ensayo, yo diría, en el sentido de que ingresó gente que nunca había pensado participar en la política; entonces fue un buen paso, quizás con muchas fallas[3], pero a mi juicio interesante.

Después de leer la conversación

2. ¿Entendió? Complete estas oraciones según lo que ha comprendido de la conversación:

a. Anteriormente a los años 70, no se había hecho nada para mejorar la situación en las provincias de Perú porque...

b. En los años 70 la situación mejoró un poco porque...

c. Un problema que surgió al principio con los representantes populares en el Congreso fue...

Como todos sabemos, la historia influye mucho en la política actual: los datos históricos pueden apoyar una evaluación subjetiva. Por ejemplo, en la anterior conversación, Eduardo habla de un hecho histórico, el movimiento campesino, para explicar cuál es el contexto de la política peruana actual.

Otra estrategia que usa Eduardo para explicar su evaluación es contar una anécdota. Cuenta, por ejemplo, sus recuerdos del año 1972 en que había cantantes y futbolistas en el Congreso, representando al sector popular. Esta anécdota también explica, de otra forma, por qué no se ha hecho mucho por los trabajadores de las provincias.

---

1. solicitar que se le dé lo que es justo   2. posesión   3. faltas, errores

Tratado de libre comercio

Primera Parte

Antes de Escuchar

Laudos: Gobierno y sindicatos se distancian

3. Cuente una anécdota Con un(a) colega, observe este dibujo. ¿Cuál es el problema que plantea el dibujo? ¿Cuál es su evaluación subjetiva de este problema? Cuéntele a su colega una experiencia personal que pueda explicar su punto de vista sobre este tema. Después, escuche la anécdota de su colega.

4. Los temas. Con un(a) colega, seleccione uno de los siguientes temas y realice una evaluación subjetiva de la cuestión, apoyándola con datos históricos. También, comente la evaluación de su colega, apoyándola o refutándola según sea apropiado.

a. los derechos de los trabajadores

b. factores que afectan la productividad del trabajador

c. las ventajas/desventajas de la inversión en países extranjeros

Ahora, vamos a escuchar una selección del programa *Temas y Debates*, del canal de televisión de Univisión. En la primera parte de esta conversación se presentan varias evaluaciones subjetivas sobre el tratado de libre comercio entre los Estados Unidos, México y Canadá. Además de presentar el contexto del problema y contar una anécdota, se hacen comparaciones y contrastes para apoyar la evaluación subjetiva. Observe cómo el moderador dirige esta discusión política entre participantes con opiniones muy diferentes.

PALABRAS QUE VA A ESCUCHAR

sindicatos   asociación formada para la defensa de intereses económicos o políticos comunes a todos los asociados

tratado   convenio o pacto entre dos o más personas o gobiernos

comprobante   algo que verifica o confirma una cosa

inversión   gastar un dinero que se va a recuperar

ingreso   dinero que gana una persona por su trabajo

soltar   dejar en libertad al que estaba detenido o preso

encarcelado   preso en la cárcel

falaz   embustero, falso

planta   establecimiento industrial

infraestructura   estructura, organización y material

planteamiento   acción de proponer problemas o dudas

empresa   sociedad mercantil o industrial

ubicación   localización

5. ¿ENTENDIÓ? En el debate participan Miguel Liman, Ministro de Asuntos Comerciales de la Embajada de México; Susana Gómez, de la Federación Americana de Trabajo, y Nora Lustig, experta en asuntos mexicanos. Tome nota de las siguientes cuestiones mientras esté escuchando la cinta.

a. Según Susana el tratado de libre comercio es un tratado de…

b. El Ministro Liman contempla el tratado como…

c. Según Nora, el factor más importante en una comparación entre los Estados Unidos y México es…

ch. El ministro explica la ubicación de una gran cantidad de empresas de los Estados Unidos en México dando estas dos razones…

ESCUCHAR

Escuche ahora la primera parte del programa *Temas y Debates* sobre el tratado de libre comercio, y tome notas de las cuestiones anteriores.
   Luego de escuchar la cinta, contéstelas con un(a) colega.

6. DIRIGIR UN GRUPO. Escuche otra vez la cinta y, junto con un(a) colega, anote lo que dice el moderador del programa para cumplir las siguientes funciones:

a. hacer que una persona hable cuando el animador quiere

b. aclarar lo que dice un participante

c. provocar

ch. solicitar otra evaluación

d. resumir

7. ¿QUIÉN LO DICE? Identifique a quién comunica la siguiente información:

a. La proporción de inversión directa de Estados Unidos que va a México es exactamente equivalente a un tercio de un porcentaje.

b. ¿Por qué ha habido la gran cantidad de empresas que ha mudado su operación a México?

c. Es que cuando el sindicato mexicano trata de mejorar la vida y los salarios de los trabajadores mexicanos se le cierra el paso.

ch. El hecho de que exista o no exista un tratado de libre comercio no va ni a estimular ni a desestimular[1] el movimiento de la ubicación de empresas.

d. La integración entre los países se venía dando en esa manera intensa desde hacía mucho tiempo.

8. **LA ANÉCDOTA Y LA EVALUACIÓN SUBJETIVA.** Susana narra un incidente para apoyar su opinión de que México no hace todo lo que puede para ayudar a los trabajadores. Escuche la cinta una vez más y complete estas afirmaciones con un(a) colega según su comprensión:

a. Agapito González...

b. El día 29 de enero de 1992...

c. Dos días más tarde...

ch. Luego, el juez...

d. Pero el Gobierno...

e. Agapito...

f. Recién...

9. **COMPARACIÓN Y CONTRASTE.** Para explicar una evaluación subjetiva con claridad, muchas veces se comparan o contrastan los hechos o las estadísticas relacionados con el tema de discusión. Con un(a)colega, analice la comparación y contraste que se hacen en este programa con respecto a los siguientes asuntos:

a. los sueldos en México y en los Estados Unidos

b. la productividad

c. la infraestructura

ch. la inversión

---

1. perjudicar

Capítulo 10

Después de escuchar

10. La cabriola de café cubano. A continuación va a participar en un debate que espera clarificar "la cabriola de café cubano". En 1975, en un esfuerzo para revitalizar la débil economía cubana, la Unión Soviética compró gran parte del café cultivado en Cuba a un precio mucho más alto que el del mercado mundial. Como resultado, Cuba necesitó importar café barato para el consumo doméstico. Un hombre de negocios llamado Karl Fessler le propuso a Castro la venta de 3.000 toneladas métricas de Barahona, un café de buena calidad cultivado en la República Dominicana, a un bajo precio: $1,39 por libra en vez del precio de $1,54 por libra al que estaba cotizado en el mercado mundial. Sin embargo, el café nunca llegó.

Reúnanse en grupos de seis personas y decidan los papeles que van a desempeñar. El(la) profesor(a) les proporcionará más información sobre los personajes. No debe mostrar esta información a las demás personas de su grupo.

a. el moderador del debate, un periodista de televisión

b. un representante de Fidel Castro

c. un corredor de seguros cubano

ch. Karl Fessler, un corredor de mercancía de Alemania

d. un periodista del periódico *New York Times*

e. el capitán del barco fletado para transportar el café

Estudie el siguiente vocabulario. Luego, estudie muy bien su papel. Se sugiere que los panelistas incluyan las estrategias de presentar el contexto del problema, criticar, y defenderse. El animador del debate debe provocar la discusión, aclarar lo que dicen los panelistas, y resumir los puntos principales de cada participante.

Vocabulario

cabriola salto, brinco

corredor de seguros persona que interviene en la negociación de un contrato por el cual una persona se obliga a resarcir las pérdidas o daños que experimente una segunda persona

corredor de mercancía persona que interviene en la negociación de un contrato de compraventa

fletar alquilar una nave o parte de ella para conducir personas o mercancías

fraude engaño, estafa

estafa acción o efecto de pedir o sacar con engaño dinero o cosas de valor con ánimo de no pagar

pacto convenio entre dos o más personas

afirmar asegurar o dar por cierto alguna cosa

confiar dar o comunicar una cosa en confianza

entregar poner una persona algo en manos de otra.

pretexto motivo simulado que se alega para hacer una cosa o para excusarse de no haberla ejecutado

facturas documentos en los que se enumeran los artículos comprendidos en una venta y se especifica su precio

lastre peso

Tratado de libre comercio (continuación)

SEGUNDA PARTE

ANTES DE ESCUCHAR

11. UNA LUCHA VERBAL SOBRE LOS DERECHOS DE LOS ANIMALES.*

A continuación va a participar en una evaluación subjetiva sobre si es ético o no mantener a los animales salvajes encerrados en parques zoológicos.

Reúnanse en parejas. Una persona está a favor y la otra está en contra de la existencia de zoológicos. Deben emplear en cada evaluación las estrategias de criticar, defenderse y dar razones. Ayúdense con la siguiente guía.

---

* El propósito de esta actividad es practicar las estrategias de criticar y defenderse que se escuchan en la segunda parte de la cinta.

Razones para la existencia de parques zoológicos:

- la protección de los animales que corren riesgo de extinción
- la contribución de los parques a la ciencia
- el papel educativo de los parques zoológicos

Razones para la eliminación de los parques zoológicos:

- la importancia de la libertad y la dignidad de los animales
- las condiciones en que se encuentran los animales, fuera de su hábitat natural
- la dificultad de la reproducción en los parques
- la cautividad y la degradación de los animales

En la primera parte de la conversación sobre el tratado de libre comercio habrá notado que la estructura general fue: 1) solicitar una opinión y 2) responder a la solicitud. En la segunda parte de la conversación vamos a ver cómo la discusión tiene otra dinámica. Por un lado se forma una alianza entre el moderador y algunos de los panelistas. Por otro lado existe un creciente conflicto entre dos de los panelistas; observe cómo emplean las estrategias de criticar y defenderse. Los panelistas conversan más entre sí que en la primera mitad del programa. Los participantes dan diferentes interpretaciones de la palabra *medio ambiente* para apoyar sus puntos de vista.

ESCUCHAR

Escuche ahora la segunda parte de la cinta, prestando atención a cómo interpretan Susana, Armando y el ministro Liman la expresión *medio ambiente*.

12. TOMAR PALABRAS DEL DISCURSO DEL OTRO PARTICIPANTE PARA FORMAR UN ARGUMENTO. Una estrategia para rebatir la opinión de otro participante en una conversación es tomar las mismas palabras o frases que ha dicho esa persona como punto de referencia para dar otra interpretación o presentar otro punto de vista sobre la cuestión. Indique con números el orden de presentación de las siguientes afirmaciones. Escuche de nuevo la segunda parte de la cinta si lo cree necesario.

__ En realidad, sí: México ha tratado de incrementar su cuidado ambiental.

__ Porque no incluye los derechos de los trabajadores y las condiciones para proteger el medio ambiente.

__ Hablando de las leyes de México de medio ambiente: sí tienen buenas leyes pero desafortunadamente no se han puesto mucho en vigor anteriormente.

__ No hay una persona más interesada en el mundo en que se mejoren las condiciones del medio ambiente que el propio mexicano.

__ 2000 empresas han sido cerradas por el Gobierno por no dar cumplimiento a las reglamentaciones ambientales.

__ En México no se ejercen las regulaciones de medio ambiente.

Ahora, con un(a) colega, resuma el conflicto que acaban de escuchar y las evaluaciones subjetivas expuestas sobre el tema.

Después de escuchar

13. **Otro punto de vista.** Con un(a) colega, lea estas selecciones sobre México. Comparen estas selecciones con lo que se examinó en la Actividad 12. ¿En qué son semejantes? ¿En qué son diferentes? Después de leer las selecciones, ¿ha cambiado su posición? Explíquele a su colega por qué sí o por qué no.

"Clausuradas industrias mexicanas por razones ecológicas"

El sector empresarial de México sufre cuantiosas pérdidas con la clausura de setenta y una industrias en diecinueve estados del país, entre ellas, cuatro aeropistas y veintinueve maquiladoras, por violar la Ley General de Equilibrio Ecológico y Protección del Ambiente. La mayor parte de las maquiladoras afectadas están localizadas en los estados de Baja California, Coahuila, Chihuahua, Guanajuato, México, Nuevo León, Puebla, Querétaro, Sonora, Tamaulipas y Zacatecas, esto es, muy lejanas al Distrito Federal, por lo que no influyen en los graves problemas ecológicos que sufre la capital de la nación. Además de la localización geográfica, las empresas clausuradas corresponden a toda la gama industrial mexicana, pues pertenecen a los sectores metalúrgico, alimentario textil, químico, de la construcción, agrícola, petrolero y otros. Esto demuestra la actitud decidida del Gobierno en su programa de recuperación de la pureza del ambiente en el país. Tal es el caso de la clausura definitiva de la refinería petrolera de Pemex, empresa estatal, en el Distrito Federal, hace unos pocos meses.

"Los desechos industriales"

La monstruosa generación de desechos industriales provoca en el mundo entero, pero especialmente en México, un deterioro constante del medio ambiente, el cual se ha traducido en un alto costo de pérdidas de recursos naturales no renovables y la alteración de la salud de la población, señala Timoteo Pastrana, director de la Escuela Superior de Ingeniería química de México. Los grandes problemas como la contaminación, pueden encontrar diferentes alternativas de solución en los centros educativos de nivel superior, agregó Oscar Joffre, director del Instituto Politécnico Nacional, quien, además, aclara que el IPN está empeñado en promover la creatividad y la investigación. Por su parte, el profesor Pastrana indica que siendo el agua el medio de desarrollo de todos los seres vivos, corresponde a los hombres de esta generación buscar la solución que permita establecer el equilibrio entre el desarrollo industrial y el medio ambiente. Lothar Jaeschke, representante de la empresa alemana que donó al ESIQ una planta experimental de tratamiento de aguas residuales, expresa que la Uhde-México contribuye grandemente a la búsqueda de mejores sistemas para el tratamiento de desechos industriales, no sólo en el territorio mexicano, sino en todos los países del mundo.

"10 millones anuales de contaminantes"

La tendencia histórica de las emisiones de contaminantes en todas las ciudades industriales del mundo son verdaderamente alarmantes, pero en lo que respecta a la zona metropolitana de la Ciudad de México se estima que para los años 2000 y 2010 el nivel de emisiones en la atmósfera de la capital azteca corresponderá a 10 millones de toneladas anuales. El estimado tiene en cuenta los consumos totales de combustibles en el Valle de México y los inventarios de las instituciones que participaron en esta investigación. Para los inicios del siglo XXI en materia de contaminación las emisiones totales crecerán de no llevarse a cabo nuevas medidas de control, cambios de tecnologías en la industria y vehículos automotores, reestructuración del transporte y racionalización del consumo de energéticos. En México, además, se requiere la aplica-

Las diez ciudades con las concentraciones más altas de SO$_2$[1]

Ciudad y país	Media anual en mg/m^3 [2]	Días sobre norma por año[3]
Milán, Ita.	185	66
Shenyang, Chn.	152	146
Teherán, Irán	132	104
Seúl, R Cor.	115	87
Río de Janeiro, Bra.	106	87
São Paulo, Bra.	92	n.d.
Xian, Chn.	83	12
París, Fra.	83	46
Beijing, Chn.	81	68
Madrid, Esp.	72	35

(1) Promedios de diferentes estaciones (1980–1984). (2) media anual normal según la OMS: 40–60 mg/m^3. (3) Norma diaria según la OMS: 150 mg/m^3 por menos de siete días al año.
Fuente: Worldwatch Ínstitute

ción del programa anticontaminante diseñado para el Distrito Federal. Si éste no se aplica para el año 2010, la capital mexicana registrará un volumen de emisiones casi similar al de 1986, con casi 5 millones de toneladas de contaminantes anuales. En este estudio participaron científicos mexicanos y especialistas del ambiente de Japón, Alemania, Inglaterra, Francia, Canadá y EU.

"El aire"

Cualquier partícula de materia sólida o gaseosa que se acumule en la atmósfera y llegue a producir efectos negativos para la vida o el medio ambiente, es considerada contaminante. La contaminación del aire, puede deducirse, es un viejo problema. Hace un siglo, era causada principalmente por las chimeneas que atestiguaban el auge de la Revolución Industrial. Hoy, las fuentes se han diversificado y los efectos se han expandido.

El carbón, especialmente en China y Europa Oriental, sigue siendo el mayor contaminante, pero las emisiones de los vehículos motorizados, las industrias y la calefacción casera predominan en muchos lugares. La Organización Mundial de la Salud estima que cerca de 625 millones de personas están expuestas a niveles insalubres de dióxido de azufre (SO_2) y más de mil millones a niveles excesivos de partículas en el aire.

El ingrediente principal del *smog* urbano es el ozono, uno de los peores contaminantes producidos por los automóviles. Este gas se forma cuando la luz solar hace reaccionar a los hidrocarburos con los óxidos de nitrógeno y se ha convertido en una amenaza para muchas ciudades del mundo, entre ellas México, Santiago de Chile y Madrid. Las enfermedades respiratorias son un verdadero problema en estas urbes.

DESARROLLAR

14. ¿DEBEN SER PROPORCIONADAS LAS GUARDERÍAS POR EL GOBIERNO?

Con el empeoramiento de la situación económica es necesario proveer guarderías de calidad pues hay más mujeres que trabajan fuera del hogar y tienen niños. Con otros dos colegas, represente los siguientes papeles y presente su punto de vista. Deben apoyar su evaluación mediante anécdotas, presentando contextos, razones y ejemplos. Debe tratar de defender sus opiniones de las críticas de su colega. Ayúdese con las siguientes expresiones.

Papeles:

a. un político liberal que sostiene que el hecho de que el gobierno no proporcione guarderías causa problemas para la sociedad

b. un político conservador que mantiene que si el gobierno proporciona las guarderías, esto va a causar graves problemas fiscales

c. una mujer de negocios con tres hijos pequeños

Expresiones para reaccionar y responder a un(a) colega:

Nosotros apoyamos...

Pero ¿podemos en realidad hablar...

Sí, porque cuando uno...

Bueno, obviamente...pero hay muchos otros elementos.

Me interesan tus comentarios.

Básicamente entiendo tu opinión.

15. **EL PROBLEMA DE LAS MADRES SOLTERAS.** Algunos dicen que las leyes no deben dejar desprotegidas a las mujeres solteras que deciden tener un hijo, sino que deben respetarlas y protegerlas. Otros dicen que si esta situación continúa aumentará la ayuda económica que el Estado deberá proporcionarles y que será la clase media quien lo pague. Con otros dos colegas, desempeñen los papeles de un político liberal, un político conservador y un periodista, y preparen un debate sobre esta cuestión. Apoyen sus evaluaciones con razones, ejemplos, anécdotas y hechos. También, trate de comparar y contrastar su punto de vista con los puntos de vista de sus colegas. Comenten los siguientes temas y usen las frases que les siguen.

Temas:

a. la definición de familia

b. lo que simboliza la mujer acomodada que decide tener un hijo fuera del matrimonio

c. lo que simboliza la mujer pobre que decide tener un hijo fuera del matrimonio

ch. la crisis de la familia tradicional

Expresiones para responder y comentar las opiniones de un(a) colega:

Básicamente comparto tu opinión.

Si comparamos...

Dejando a un lado un poco...

En primer lugar, creo...

Sin embargo...

Hace un rato estábamos comentando...

En realidad estamos hablando de...

Pero si así es la situación, ¿por qué...?

16. **¿SE DEBEN ELIMINAR LAS CÁRCELES?** Una persona debe estar a favor de la eliminación de las cárceles y la otra persona debe estar en contra.

Deben apoyar cada argumento que presenten con razones, anécdotas, situaciones de contexto y ejemplos. Deben también defenderse de las críticas de su contrincante.

Argumentos en contra de la eliminación de las cárceles:

a. una buena manera de castigar es limitar la libertad

b. controla el número de criminales que están cometiendo delitos en la calle

c. es una fuente de labor barata

ch. no ha sido inventado nada mejor

d. todos los argumentos contra la cárcel son argumentos contra las condiciones en la cárcel

e. las cárceles ofrecen una posibilidad de conseguir una educación

Argumentos a favor de la eliminación de las cárceles:

a. los criminales que han cometido delitos graves pueden ejercer mala influencia sobre los criminales que han cometido delitos menores

b. las cárceles no son eficaces

c. hay mucha corrupción en las cárceles

ch. los guardias son crueles con los prisioneros

d. los delincuentes presos no son reeducados ni logran después reinsertarse en la sociedad

Expansión

Antes de leer

17. **Las necesidades básicas del obrero**

Honduras

A partir de hoy y hasta el 11 se reúnen los máximos líderes de la Confederación de Trabajadores Centroamérica y El Caribe (CTCA), que agrupa a las principales organizaciones sindicales del área. Sus dirigentes analizarán el proceso de integración del área y emitirán una resolución sobre el particular y las medidas de ajuste económico.

Imagine que usted y su colega están participando en la CTCA (Confederación de Trabajadores Centroamérica y El Caribe) representando los sectores agropecuario, servicios, y comercios respectivamente. ¿En qué medidas de ajuste económico insistirían? Cada persona debe dar su evaluación subjetiva, apoyándola mediante anécdotas, razones, ejemplos o situaciones de contexto.

Ideas:

a. tasas de interés más favorables que las que dicta el mercado un fondo de préstamos para emergencias de salud, reparaciones del hogar, gastos críticos

b. becas de estudios superiores

c. otros

Hemos escuchado varias opiniones sobre el tratado de libre comercio; entre ellas, la opinión de que las empresas norteamericanas deben establecer un pacto social con los trabajadores mexicanos. Lea el artículo de la revista guatemalteca *Panorama,* escrito por Edmondo Gerli sobre cómo establecer un pacto social entre trabajadores y empresarios. ¿Cree que es esta una posible solución?

LECTURA

EDMONDO GERLI
"Una política empresarial"

El solidarismo[1] tiene entre muchas virtudes la de haber eliminado toda fuente de fricción y de conflictos entre sus integrantes.

Yo diría que "solidarismo" es mucho más que una simple filosofía de relación humana. Es más bien una actitud de consentimiento mutuo y por eso lo catalogo como un pacto social. Sobresale precisamente porque el "pacto social" procede precisamente de una común aceptación de los dos componentes, trabajo y administración, de seguir un sendero[2] conducente a la paz, la estabilidad, la comprensión y la justa distribución de beneficios.

---

1. solidaridad, adhesión a la causa de otros   2. camino

Conociendo así lo necesario y el porqué, analicemos aquí el cómo. Para aquellas legislaciones laborales que contemplan un fondo de cesantía[3] y/o fondo de antigüedad[4], para los empleados suplidos por los empleadores[5], el "cómo" realizar nuestros propósitos la tarea es más fácil. Donde no existen, conviene su desarrollo. Ninguna legislación podría excluir que dicho fondo fuera deducible contablemente como costo, cuando el mismo es pagado, ya sea con carácter de finiquito[6] de la contingencia[7] o en calidad de fideicomiso[8].

En el caso específico de Costa Rica, la legislación es de un mes de salario por año, hasta un máximo de ocho, tomando como base el promedio de salarios de los últimos seis meses próximos pasados. Esto significa un 8.333% de recargo salarial. Para desarrollar la implementación de un fondo semejante, se motiva y se asiste a que los empleados[9] voluntariamente (quienes acepten el programa) mediante asamblea formal notariada dispongan constituir una asociación. Constituida mediante proceso de elección libre y de acuerdo con sus estatutos y constitución, eligen directiva. Conste que estamos hablando de una iniciativa de empleados con respaldo ofrecido por los empleadores.

Los trabajadores adquieren mentalidad empresarial. Los empleadores crean conciencia social.

Empleados son también aquellos administrativos y de confianza de la empresa, que por su integración y preparación académica favorecerían la conducción de la asociación tanto administrativa, como contablemente. El propósito es altamente positivo puesto que así, a través de asesoría directa, recibirían dentro de la asociación una guía conducente a eficiencia y corrección en el manejo de sus intereses propios. Es conveniente excluir de la participación directora a los representantes legales de la empresa.

Como próximo paso, los empleadores formalmente proceden a contratar el compromiso con dicha asociación de que se capitalice la misma mediante el aporte mensual de una parte o toda la suma que corresponde por concepto del fondo de cesantía y/o antigüedad, bajo la condición de que los empleados, también como contrapartida, capitalicen en igual forma un porcentaje de su sueldo. (Es obvio que aquí ya estamos fomentando o fortaleciendo la virtud del ahorro).

En Costa Rica unas empresas contribuyen con el 5% y los empleados con el 5%, dejando el saldo de 3.333% en contingencia; pero otras aportan el 5% los empleados, y los empleadores de una vez

---

3. fondos para desempleados   4. fondos para personas que han trabajado durante años en una empresa   5. empresario, patrón   6. documento que certifica que una deuda está terminada   7. posibilidad de que una cosa suceda o no   8. dejar bienes (generalmente una herencia) confiados a alguien   9. obrero, trabajador

finiquitan la contingencia aportando la totalidad del 8.333%.

La empresa mensualmente deduce el monto del ahorro de cada trabajador y agregando su acordado aporte[10] deposita la totalidad en la cuenta corriente de la asociación, que deberá contabilizarla, llevando control del monto que a cada asociado le corresponde.

Ahora bien, ya teniendo las bases económicas, la directiva de la asociación, bajo mandato de su propia asamblea, dispone carteras[11] para poner esos fondos a trabajar con beneficio social para los trabajadores en diversas formas.

Crean organizaciones de consumo o comisariatos, administrados a costo, de necesidades básicas; un fondo de préstamos con tasas de interés más favorables que las que dicta el mercado; préstamos para emergencia de salud; reparación de casa; gastos críticos; ingreso de colegios para los hijos; etc. Se crean carteras para financiar un programa de vivienda a modo sorteado[12], otra para becas de estudio superior para que los empleados puedan mejorar su condición de empleado.

Cubiertas las necesidades sociales más imperiosas que urgen para una comunidad asociativa semejante, ya se faculta el pensar en cómo invertir los excedentes y qué se quiere de los beneficios o créditos que generen. Hay unas asociaciones que se han federado y han formado el Banco Solidarista con un capital inicial de C100.000.000 y se han incorporado a las filas de la banca privada nacional. Toda asociación y correspondiente empresa deberá crear de mutuo acuerdo su Junta de Relaciones Laborales, constituida por tres delegados de los trabajadores libremente designados por la asamblea y tres delegados de la empresa. Deberán mantener un proceso regular, formal y continuo de reuniones y un diálogo constante sobre los problemas y deficiencias con el fin de que se definan soluciones para problemas planteados o mejoras para situaciones en proceso.

Por igual, le incumbe[13] a los empleadores utilizar este tambor de resonancia para lograr introducir, de una forma resolutiva, sus propias necesidades.

Los trabajadores adquieren mentalidad empresarial. Los empleadores crean conciencia social. El binomio empleados y empleadores se habrá consolidado en lo que es empresa privada libre. Se han dado condiciones para que se den las metas de desarrollo económico que fueron diseñadas y proyectadas en la concertación social tripartita con un alto y adecuado carácter social y que serán la fuente de estabilidad política y la consolidación de una plena democracia.

---

10. contribución financiera   11. valores o efectos comerciales de curso legal   12. confiar a la suerte una decisión, particularmente la adjudicación de algo   13. estar a cargo de una cosa; ser de su obligación

18. ¿ENTENDIÓ? Conteste las siguientes preguntas con un(a) colega.

a. Explique el proceso que describe Gerli para establecer un pacto social entre empleados y empleadores.

primer paso:

segundo paso:

tercer paso:

b. ¿Cuáles son las ventajas de un pacto social para los empresarios? ¿Y para los trabajadores? ¿Cuáles son las desventajas?

c. ¿Para qué sirve la Junta de Relaciones Laborales?

ch. Compare y contraste las estrategias de conversación empleadas en este artículo con las estrategias usadas en la discusión sobre el tratado de libre comercio. ¿Qué semejanzas y qué diferencias hay?

¡A PRESENTARSE!

AHORA LE TOCA A UD.

A. En este capítulo hemos hablado de los derechos de los trabajadores. A continuación, va a participar en un debate que espera clarificar la muerte de Olivia González. En México, en 1992, a las 7:30 de la noche, Olivia González, una técnica de laboratorio de la empresa Suárez-Bretal, el productor más grande de combustible atómico de México, sale del trabajo. Va a reunirse con un periodista del *Excelsior* en un hotel treinta millas afuera. Un rato después, su coche, fuera de control, se estrella violentamente. Olivia muere instantáneamente.

B. Fórmense en grupos de seis personas y decidan entre sí los papeles que van a desempeñar. El profesor va a darles información sobre cada papel. No debe mirar la información sobre los papeles de sus colegas.

1. el moderador del debate

2. un periodista del *Excelsior*, David Romero

3. el padre/la madre de Olivia

4. un oficial de la empresa Suárez-Bretal, Tomás García

5. un oficial del gremio, Miguel Ortega

6. una periodista, Sara Telmo

VOCABULARIO

plutonio   elemento simple radiactivo. Se emplea en los procedimientos atómicos para obtener uranio

deshacer   quitar la forma a una cosa, destruirla

varillas   barras largas y delgadas

combustible   materia que arde con facilidad

espantar   infundir miedo

seguridad   situación del que está a salvo de algún riesgo

rastro   huella o indicio

inquietador   una persona que produce desasosiego

avergonzar   causar sentimiento penoso que rebaja al hombre ante sus propios ojos o a juicio de los demás

volante   pieza en figura de aro con varios radios que forma parte de la dirección de los automóviles

remolcar   llevar por tierra un carruaje a otro

C. Ahora usted y sus colegas van a presentar la discusión ante la clase. Se sugiere que incluyan los siguientes elementos:

1. **El (La) moderador(a)**

    alentar la participación de todos los panelistas

    sintetizar las opiniones expuestas

    ofrecer su propia opinión

    aclarar

2. **El (La) panelista**

    presentar situaciones de contexto

    criticar

    defenderse

    dar razones

    interpretar

Capítulo 10

Para mirar de cerca

Busque en la televisión hispana otra discusión política. Prepare un informe para la clase que analice las evaluaciones subjetivas de los participantes y presente las estrategias de conversación que emplean.

TEXT CREDITS

Capítulo 1: Taped segment: "Entrevista con Antonio Gades". Reproduced from *Bodas de sangre*. Orcine/Omnifilms. / "Entrevista a Carlos Fuentes" by Saúl Sosnowski. *Hispamérica,* 1980. Reprinted by permission of *Hispamérica.* / **Capítulo 2: Taped segment:** "Cristina: Las mujeres y la independencia". Reproduced from Univisión, Miami, FL, 1992. / "Lo que más detestan ella y ellos sobre el otro sexo". Reproduced from *Cristina, la Revista,* June 6, 1992. / "Entrevista a Rafael Alberti" by María Asunción Mateo. *ABC, Edicion Internacional,* Madrid, December 11, 1992. Reproduced by permission of the newspaper *ABC,* Madrid. / **Capítulo 3: Taped segment:** "Habitando el Sur". Reproduced from video materials provided by SCOLA. / "Campos de Soria" by Antonio Machado. Reprinted from *Poesías*. Editorial Losada, S.A., Buenos Aires. / **Capítulo 4: Taped segment:** "Cocina Crisco". Reproduced by permission of The Procter & Gamble Co., Cincinnati, Ohio, 1992. / "La Vainilla" by Jack Robertiello. Reprinted by permission of *Américas,* Volume 44, No 4, 1992, a bimonthly magazine published by the General Secretariat of the Organization of American States in English and Spanish. / "Medicina naturista" by Monserrat Santamaría. Reprinted from *Saludable: La Revista del Bienestar,* 1992. Corporación Editorial, S.A. de C.V. México, D.F. / "La importancia de las fibras" by Ernesto Torres Landa. Reprinted from *Saludable: La Revista del Bienestar*, 1992. Corporación Editorial, S.A. de C.V. México, D.F. / **Capítulo 5:** Excerpt from *El habla culta de la ciudad de México: Materiales para estudio*. México: Universidad Nacional Autónoma de México, 1971. Reprinted by permission of Professor Juan Lope Blanch. / **Taped segment:** "El cólera en Santiago". Reproduced from *Noticiero 24 horas,* Santiago de Chile from materials provided by SCOLA. / **Taped segment:** "Un robo en Curicó". Reproduced from *Noticiero 24 horas,* Santiago de Chile from materials provided by SCOLA. / "Enfrentamientos de grupos políticos callejeros en San Luis Potosí". *El Mundo,* November 1992. Reprinted by permission of *El Mundo.* / **Capítulo 6:** Excerpt from *El habla culta de la ciudad de México: Materiales para estudio,* México: Universidad Nacional Autónoma de México, 1971. Reprinted by permission of Professor Juan Lope Blanch. / **Taped segment:** "Un avión siniestrado," Reproduced by permission of Radio Nacional de España, S.A. / **Taped segment:** "Las lluvias," Reproduced by permission of Radio Nacional de España, S.A. / "Derribó varias casas y causó cinco heridos; un tramo del puente Morelos se cayó". *El Excelsior,* September 10, 1992. Reprinted by permission of *El Excelsior.* / **Capítulo 7:** Excerpt from *El habla culta de la ciudad de México: Materiales para estudio,* México: Universidad Nacional Autónoma de México. Reprinted by permission of Professor Juan Lope Blanch. / Excerpts from *El habla culta de la ciudad de Buenos Aires: Materiales para su estudio II*. Reprinted from material published by the Universidad de Buenos Aires. / "La mordaza" by Alfonso Sastre. Reprinted from *La mordaza,* Editorial Porrúa S.A., 1984. / **Capítulo 8:** Excerpt from *El habla culta de la ciudad de Buenos Aires: Materiales para su estudio II*. Reprinted from material published by the Universidad de Buenos Aires. / **Taped segment:** "Leche Puleva". Reproduced from Puleva, S.A. / **Taped segment:** "Diario 16". Reproduced by permission of Diario 16, S.A. / **Taped segment:** "Seat Ibiza".

Reproduced by permission of SEAT, S.A. / **Capítulo 9:** "Una lucha contra el mar". Reprinted from *Almanaque Mundial*, 1993, Editorial América, S.A., Virginia Gardens, FL. / "Salir de pesca" por Sharon Kanon. Reprinted / from *El Especial, Inc.*, June 1992, Union City, N.J. / "Toxifobia: Un nuevo mal de nuestra época" by Renata Sotomayor. Reprinted from *Saludable: La Revista del Bienestar,* 1992. Corporación Editorial S.A., de C.V., México. / "Conciencia mundial sobre la extinción de los animales". Reprinted from *Almanaque Mundial*, 1993, Editorial América, S.A., Virginia Gardens, FL. / "El paraíso perdido". Reprinted from *Almanaque Mundial*, 1993, Editorial América, S.A., Virginia Gardens, FL. / "Todos contra la naturaleza". Reprinted from *Almanaque Mundial*, 1993, Editorial América, S.A., Virginia Gardens, FL. / "La vida". Reproduced from *Almanaque Mundial*, 1993, Editorial América, S.A., Virginia Gardens, FL. / **Capítulo 10: Taped segment:** "Temas y Debates". Reproduced from Univisión, Miami, FL, 1993. / "Clausuradas industrias mexicanas por razones ecológicas". Reprinted from *Almanaque Mundial*, 1993, Editorial América, S.A., Virginia Gardens, FL. / "Los desechos industriales". Reprinted from *Almanaque Mundial*, 1993, Editorial América, S.A., Virginia Gardens, FL. / "10 millones anuales de contaminantes". Reprinted from *Almanaque Mundial*, 1993, Editorial América, S.A., Virginia Gardens, FL. / "El aire". Reprinted from *Almanaque Mundial*, 1993, Editorial América, S.A., Virginia Gardens, FL. / "Una política empresarial" by Edmondo Gerli. Reprinted from *Panorama*, December 16, 1991, Ciudad de Guatemala, Guatemala.

Photo Credits

p. 1: Stuart Cohen, Comstock; **p. 11:** (top left) Robert Roth, Gamma-Liason; **p. 23:** Ulrike Welsch; **p. 28:** Univision/Network; **p. 31:** Peter Menzel, Stock Boston; **p. 36:** Stanley H. Barkan/Cross-Cultural Communications; **p. 45:** Francisco J. Rangel Photographer; **p. 48:** Peter Menzel, Stock Boston; **p. 59:** Robert Frerck, Odyssey/Frerck/Chicago; **p. 63:** Daemmrich, The Image Works; **p. 70:** Mindy Klarman, Photo Researchers, Inc.; **p. 85:** Peter Menzel, Stock Boston; **p. 87:** Steven Rubin, Impact Visuals; **p. 105:** Norman R. Rowan, Stock Boston; **p. 108:** Carlos Ángel, Gamma-Liason; **p. 111:** Ulrike Welsch; **p. 115:** Len Kaminsky, Impact Visuals; **p. 125:** Mike Mazzaschi, Stock Boston; **p. 135:** Macduff Everton, The Image Works; **p. 147:** Beryl Goldberg; **p. 171:** Ulrike Welsch; **p. 175:** Peter Simon, Stock Boston; **p. 183:** Karl Weidmann, Photo researchers, Inc.; **p. 191:** Ricky Flores, Impact Visuals; **p. 199:** Jack Prelutsky, Stock Boston